Künstliche Intelligenz

Entwicklungen, Erfolgsfaktoren und Einsatzmöglichkeiten

Dr. Andrea Cornelius

1. Auflage

W0035538

HAUFE.

Inhalt

Vorwort

Künstliche Intelligenz (KI) ist heute schon – häufig unbemerkt – ein wichtiger Bestandteil unseres täglichen Lebens. Sowohl im Beruf als auch im Privaten werden in den nächsten Jahren die Anwendungen, in denen KI-Komponenten eingebettet sind, zunehmen und immer selbstverständlicher werden.

Von Analysten, Investoren und Zukunftsforschern wird Künstliche Intelligenz als einer der stärksten Treiber von Veränderung in den nächsten Jahren angesehen. KI geht uns daher alle an. Höchste Zeit also, sich näher mit dem Thema zu beschäftigen.

Was ist KI überhaupt? Was ist bereits realisiert, was ist noch Zukunftsmusik? Welchen Nutzen bieten KI-Lösungen für das Business? Wie funktionieren Geschäftsmodelle, die auf KI gründen? Sollte man jetzt einsteigen oder noch abwarten? Welche Risiken, welche Chancen birgt Künstliche Intelligenz? Leicht verständliche Antworten auf diese und viele weitere Fragen gibt Ihnen dieser TaschenGuide.

Begleiten Sie mich in die spannende Welt der KI – Sie werden sehen, es lohnt sich!

Ihre Dr. Andrea Cornelius

Meilensteine in der Entwicklung von KI

Künstliche Intelligenz ist viel mehr als nur ein kurzfristiger Hype. Sie wird nachhaltig unser berufliches und privates Leben prägen. In Bereichen, in denen wir es lange nicht für möglich gehalten haben, übertrifft heute schon die Leistungsfähigkeit von Maschinen die des Menschen.

In diesem Kapitel erfahren Sie unter anderem,

- wie alles begann,
- welche wichtigen Meilensteine in den letzten Jahren erzielt wurden,
- was die Entwicklung künftig noch weiter beschleunigen wird.

Wie alles begann

Um Künstliche Intelligenz (KI) und die grundlegenden Konzepte dahinter zu verstehen, ist ein kurzer Rückblick in die Geschichte hilfreich.

Künstliche Intelligenz: die Definition

Der englische Begriff für Künstliche Intelligenz – Artificial Intelligence (AI) – wurde 1955 von einer Gruppe von Wissenschaftlern um den Informatiker John McCarthy geprägt (McCarthy, 1955). Er steht für die maschinelle Simulation jedes Aspekts von Lernen und anderer Fähigkeiten der menschlichen Intelligenz, wie Sprachverständnis, Abstraktion und Entwicklung von Ideen. An der Begrifflichkeit hat sich bis heute nichts Wesentliches geändert.

Turing Test

Bereits sehr früh, im Jahr 1950, wurde die bis heute gültige Messlatte für KI-Systeme formuliert. Alan Turing definierte das Imitation Game, besser bekannt als Turing Test (Turing, 1950). Ein menschlicher Fragesteller kommuniziert über eine Tastatur und einen Bildschirm ohne Sicht- und Hörkontakt mit zwei ihm unbekannten Gesprächspartnern. Der eine Gesprächspartner ist ein Mensch, der andere eine Maschine. Wenn der Fragesteller nicht klar sagen kann, welcher von beiden die Maschine ist, hat die Maschine den Turing Test bestanden. Bis heute hat das keine KI-Lösung geschafft.

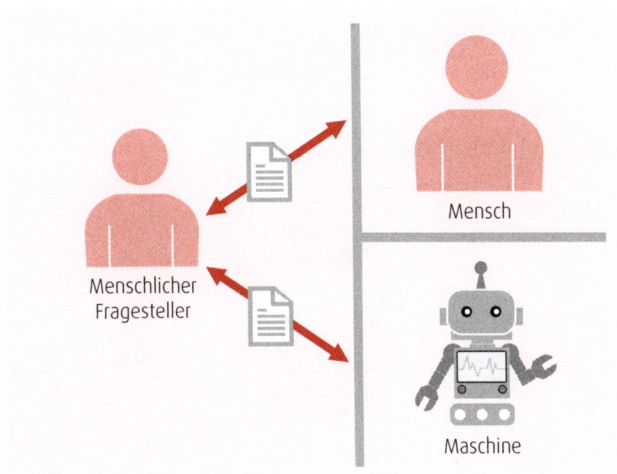

Mensch

Menschlicher Fragesteller

Maschine

Schematischer Aufbau des Turing Tests

KI-Lösungen in den 1950er- und 1960er-Jahren

McCarthy und seine Teamkollegen waren voller Optimismus: »We think that a significant advance can be made ... if a carefully selected group of scientists work on it together for a summer«. Auch wenn das KI-Thema nicht in einem Sommer zu lösen war, so hat doch die Forschung in den 1950er- und 1960er-Jahren ein bis heute relevantes Fundament für KI gelegt. Wichtige KI-Funktionalitäten wurden zum ersten Mal entwickelt und erprobt. Hier einige Beispiele.

Perzeptron: die Basis für neuronale Netze

»Electronic Brain Teaches Itself«, titelte am 13. Juli 1958 die New York Times. Hintergrund war die Vorstellung des Perzeptron durch Dr. Frank Rosenblatt, Psychologe am Cornell Aeronautical Laboratory. Das Perzeptron (engl. Perception = Wahrnehmung), wie es von Frank Rosenblatt beschrieben wurde (Rosenblatt, 1958), ist bis heute die Grundlage künstlicher neuronaler Netze.

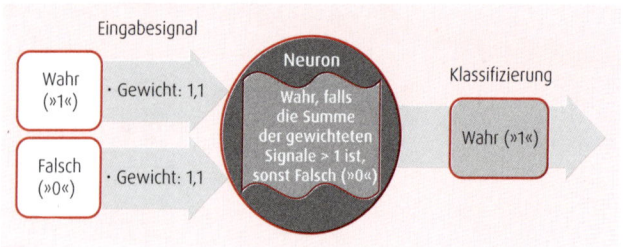

Mathematische Oder-Funktion abgebildet mit einem Perzeptron

In der Grundversion besteht es aus einem Neuron, dem ein Eingabemuster zugeführt wird. Im Laufe einer Trainingsphase erlernt das Perzeptron die korrekte Klassifikation der Eingabemuster. Die Gewichtungen des Neurons werden dabei so angepasst, dass es nur reagiert, wenn das Eingabesignal zu seiner Klasse gehört. Nach der Trainingsphase können mit dem Perzeptron auch unbekannte Eingabemuster klassifiziert werden. Die Grafik zeigt eine mögliche Abbildung der mathematischen Oder-Funktion.

Das einfache, einlagige Perzeptron wurde in der Folge Schritt für Schritt weiterentwickelt: Heutige neuronale Netze haben mehr als nur eine Ausgabeschicht. Sie enthalten in der Regel zusätzliche verborgene Schichten, um komplexere Klassifizierungsaufgaben lösen zu können. Diese tiefen neuronalen Netze, auch bekannt unter dem Begriff Deep Learning, sind ein wesentlicher Treiber für die rasante Entwicklung von KI. Wir werden sie uns im Kapitel »Die drei Treiber für den Fortschritt von KI« noch näher ansehen.

IBM Shoebox: die Wurzeln der Spracherkennung

1961 demonstrierte William C. Dersch aus dem IBM Advanced Systems Development Division Laboratory in San Jose auf der Weltausstellung in Seattle die IBM Shoebox (Den Film dazu können Sie über den Link www.youtube.com/watch?v=rQco1sa9A wU oder den QR-Code abrufen). Das war die Geburtsstunde der automatisierten Spracherkennung. Die Shoebox erkannte 16 Wörter sowie die Ziffern von 0 bis 9. Zudem war das Gerät in der Lage, einfache mathematische Operationen durchzuführen.

ELIZA – der erste Chatbot

Der nächste Meilenstein in der Entwicklung von KI war der erste Chatbot, der ELIZA genannt wurde in Anlehnung an Eliza Doolittle aus My Fair Lady. Er wurde zwischen 1964 und 1966 von Joseph Weizenbaum am Massachusetts Institute of Technology (MIT) entwickelt. ELIZA simuliert einen Psychotherapeuten und zeigt so beispielhaft die Möglichkeiten der Kommunikation zwischen einem Menschen und einem Computer über natürliche Sprache auf.

BEISPIEL: EIN ELIZA-DIALOG

Human: Men are all alike.

ELIZA: IN WHAT WAY

Human: They're always bugging us about something or other.

ELIZA: CAN YOU THINK OF A SPECIFIC EXAMPLE

Human: Well, my boyfriend made me come here.

ELIZA: YOUR BOYFRIEND MADE YOU COME HERE

Human: He says I'm depressed much of the time.

ELIZA: I AM SORRY TO HEAR YOU ARE DEPRESSED

Überraschend war, dass viele Testpersonen, die mit ELIZA kommunizierten, dem Computersystem menschliche Eigenschaften zuschrieben. Sie waren schwer davon zu überzeugen, dass es sich nur um eine Maschine handelt – trotz des beschränkten Dialogumfangs. Wenn Sie es selbst einmal ausprobieren möchten, können Sie eine weiterentwickelte Version von ELIZA über den Link www.med-ai.com/models/eliza.html.de oder den QR-Code aufrufen.

Der KI-Winter

Was so hoffnungsfroh begann, kristallisierte sich in den folgenden Jahrzehnten als doch nicht ganz so einfach heraus. Die eingeschränkte Computerleistung mit heute verglichen hohen Kosten und nicht ausreichende Trainingsdaten waren Hemmnisse bei der Entwicklung. Die Funktionalitäten waren daher sehr eingeschränkt, was zu einer Ära der Ernüchterung, zum soge-nannten KI-Winter führte. Auch wenn es zwischenzeitlich im-mer wieder Phasen von Optimismus gab (z. B. bei der Entwick-lung von Expertensystemen in den 1980er-Jahren), haben KI-Lösungen bis vor wenigen Jahren keinen wirklichen Markt-durchbruch erreicht.

Innovationen der letzten Jahre

In den letzten Jahren hat es einen explosionsartigen Fortschritt gegeben. KI hat Einzug in unser Berufsleben und auch ins Priva-te gehalten. Menschliche Fähigkeiten, von denen man lange geglaubt hat, dass eine Maschine sie nicht erreichen kann, wur-den mit KI-Lösungen realisiert. Im Folgenden lernen Sie einige dieser Meilensteine kennen.

Jeopardy!

Jeopardy! ist eine sehr bekannte und mit 34 Emmy Awards aus-gezeichnete US-amerikanische Quizshow, die live übertragen wird. Die Spieler lösen Aufgaben zum Allgemeinwissen, die durchaus komplex sein und auch Wortspiele und Umgangsspra-che enthalten können. Ihre Lösungen müssen sie als Frage for-mulieren. Die beiden bekanntesten Spieler sind Ken Jennings, der den Rekord für die meisten in Folge gewonnenen Spiele hält, und Brad Rutter mit dem bisher höchsten kumulierten Preisgeld von 4,4 Mio. US-Dollar. Beide spielten vom 14. bis 16. Februar 2011 gegen die KI-Lösung IBM Watson und verloren.

Bis heute sind Menschen beeindruckt von der Weise, wie Watson spielt und gewinnt. IBM Watson, benannt nach dem ersten IBM-Vorstandsvorsitzenden Thomas J. Watson, ist ein Frage-Antwort-System, ein sogenanntes DeepQA, das über wichtige KI-Eigenschaften verfügt:

- Es kann verstehen.
- Es kann Prognosen treffen und auf deren Basis entscheiden.
- Es kann lernen.
- Es kann interagieren.

Werfen wir einen Blick ins Innere von IBM Watson: Im ersten Schritt digitalisiert das System gesprochene Sprache, die dann von einem linguistischen Präprozessor klassifiziert und in Komponenten zerlegt wird. Danach werden Hypothesen generiert, bewertet, zusammengeführt und priorisiert. Die Korrektheit und somit auch die beste Antwort werden auf dieser Basis prognostiziert. Mithilfe von Machine-Learning-Algorithmen wird die Lösung verbessert und um neue Informationen erweitert (Ferrucci et al., 2010). Um Jeopardy! zu gewinnen, musste die Maschine auch mit ihrer Umwelt interagieren: den Knopf drücken, um eine Antwort zu geben und diese dann auch als gesprochene Sprache in Frageform präsentieren.

KI in der Medizin

Doch die DeepQA-Technologie wird nicht nur eingesetzt zum kurzweiligen Zeitvertreib. Sie hat auch Nutzen für Wissenschaft und Wirtschaft. Die Anwendung in der Medizin war einer der ersten Bereiche, die angegangen wurden (Ferrucci et al, 2013). 2012 vereinbarten das Memorial Sloan Kettering Cancer Center (MSKCC) und IBM eine Zusammenarbeit im Bereich Onkologie (MSKCC press release, 2012). Krebs ist die zweithäufigste Todesursache. Laut Weltgesundheitsorganisation gab es 2018 ca. 9,6 Mio. Krebstodesfälle weltweit (WHO, 2019), und die Tendenz ist steigend. Daher ist es nicht überraschend, dass dieser Bereich der Medizin als eines der ersten Einsatzgebiete für KI ausgewählt wurde.

Aus der Zusammenarbeit von MSKCC und IBM entstand »IBM Watson for Oncology (WFO)«. Diese Lösung soll Ärzten bei der Planung individueller Krebsbehandlungen für ihre Patienten helfen. Das prinzipielle Vorgehen ist dabei wie folgt:

- Aufbau einer Wissensbasis (Literatur, Expertenwissen)
- Abgleich mit Patientendaten
- Ableiten der Behandlungsoptionen
- Review

Im ersten Schritt wird eine Wissensbasis auf Basis von Informationen aus relevanten Richtlinien, medizinischen Fachzeitschriften, Lehrbüchern und Expertenwissen aufgebaut. Im nächsten

Schritt werden Informationen aus der Krankenakte eines Patienten ausgewertet und mit der Wissensbasis abgeglichen. Mögliche Behandlungsoptionen werden nach Vertrauensgrad angeordnet und zusammen mit den relevanten medizinischen Informationen angezeigt. Onkologen ermitteln dann mithilfe ihres eigenen Fachwissens die am besten geeignete Krebsbehandlung.

Studien zeigen, dass im Fall von Brustkrebs die Empfehlungen von Onkologen und WFO zu 93 % übereinstimmen (Somashekhar et al., 2018). Laut IBM nutzen bereits 230 Kliniken und medizinische Einrichtungen WFO (IBM Blog Post, 2018). Trotzdem stehen wir erst am Anfang der Möglichkeiten, wie auch kritische Reviews (Ross/Swetlitz, 2018) aufzeigen. Die Anwendungen von KI in der Medizin sind vielfältig. Hier nur eine kleine Auswahl dazu:

- 2017 zeigte ein Team der Stanford University, dass die Erkennung von Hautkrebs durch eine KI-Lösung vergleichbar gut mit der von Dermatologen ist (Esteva et al., 2015).

- Im Sommer 2018 hat Google in der Zeitschrift »Nature« veröffentlicht, dass auf Basis von anonymisierten, elektronischen Gesundheitsakten Krankheitsverläufe prognostiziert werden können. Ein Todesfall kann mit 93- bis 95 %-iger, ein verlängerter Krankenhausaufenthalt mit 85- bis 86 %-iger und die finale Diagnose mit 90 %-iger Genauigkeit vorhergesagt werden (Alvin Rajkomar et al., 2017).

- Ebenfalls im Jahr 2018 genehmigte die US-Gesundheitsbehörde Federal Drug Administration (FDA) zum ersten Mal das Marketing eines medizinischen Geräts, das autonom unter Nutzung von KI Diabetes-bedingte Retinopathie, eine Erkrankung der Augennetzhaut, erkennt.

Bilderkennung

Der Durchbruch bei der Bilderkennung war die Nutzung von Deep-Learning-Algorithmen im Jahr 2012 (Krizhevsky et al., 2012). Die Entwicklung danach war rasant. Bei der Erkennung von Objekten in Bildern übertreffen KI-Lösungen mittlerweile sogar menschliche Fähigkeiten. Microsoft erzielte bereits 2015 mit seiner Bilderkennungssoftware bei der ImageNet Challenge eine 3,5 %-Fehlerquote. Zum Vergleich: Die durchschnittliche menschliche Fehlerquote liegt bei 5 % (Russakovsky et al., 2015).

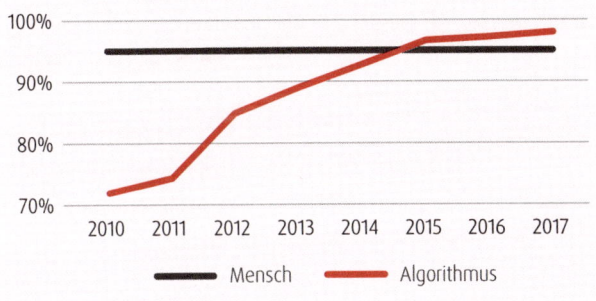

Klassifizierung von Objekten

In der Abbildung sehen Sie die Fortschritte, die Bilderkennungs-software bezogen auf die Kategorie Objekterkennung gemacht hat.

ImageNet
ImageNet ist eine Datenbank mit ungefähr 14 Millionen Bildern, die nach rund 20.000 Kategorien (z. B. Erdbeere, Haus etc.) klassifiziert sind. Seit 2010 gibt es einen jährlichen Wettbewerb zur besten Bilderken-nungssoftware: die ImageNet Challenge.

Gesichtserkennung

Neben der Erkennung von Objekten und damit zusammenhän-genden Informationen in Bildern sind die Erkennung von Ge-sichtern und Texten in Bildern wichtige Einsatzbereiche von Bilderkennungsalgorithmen. Auch hier gibt es signifikanten Fortschritt. 2014 erreicht ein Forschungsteam von Facebook mit DeepFace, einer Software für Gesichtserkennung, eine Genau-igkeit von 97 % und damit menschliches Niveau (Yaniv Taig-man et al., 2014). Heute ist Gesichtserkennung nicht nur bei Grenzkontrollen Teil unseres Alltags. Sie ist auch in anderen privaten Bereichen weitverbreitet: Facebook bietet an, Face Re-cognition zu nutzen, um Bilder oder Videos zu finden, auf denen man selbst zu sehen ist, auch wenn diese nicht entsprechend markiert sind. Seit dem iPhone X nutzen Millionen von Men-schen Gesichtserkennung zur Identifizierung bei der Anmel-dung. Gesichtserkennungsprogramme stehen als Cloud-Lösun-gen von vielen Herstellern zur Verfügung. Sie können nicht nur Personen, sondern auch bestimmte Eigenschaften wie das Alter oder Emotionen erkennen.

OCR: Texterkennung

Die Erkennung von Texten in Bildern – im Englischen: Optical Character Recognition (OCR) – ermöglicht die maschinelle Digitalisierung von Text-Scans, PDF-Dateien oder handschriftlichen Texten und schafft die Datenbasis für weitere Analysen mit KI-Werkzeugen. Auch hier schreitet die Entwicklung voran. Durch Deep-Learning-Ansätze konnte bei der Erkennung von Handschriften bereits 2012 nahezu menschliches Niveau erreicht werden (Cires et al., 2012).

Spracherkennung und -generierung

Bei der Spracherkennung geht es darum, einem Computer das »Hören« beizubringen. Dies ist wesentlich herausfordernder als die Verarbeitung von Texten. Das Tonsignal muss aus den Hintergrundgeräuschen herausgefiltert werden, einzelne Worte müssen aus dem Sprachfluss heraus erkannt und verschiedenste Aussprachen richtig zugeordnet werden. Auch für Menschen ist dies eine schwierige Aufgabe. Anders als bei der Bilderkennung wird keine statische Momentaufnahme, sondern ein Signal analysiert, welches sich über die Zeit verändert. 2017 war es dann soweit: Die Spracherkennung erreichte menschliches Niveau (Saon et al., 2017/Glaser, 2017). Und die Entwicklung geht weiter: Aufgrund der höheren Genauigkeit und geringeren Fehlerquote nutzen die Anwender Spracherkennungsprogramme zunehmend lieber und damit auch öfter. Dadurch entstehen mehr neue Daten, die wiederum zum Training und zur Verbesserung der Spracherkennungssoftware zur Verfügung stehen.

Jede Interaktion mit Menschen ermöglicht so weiteres Lernen, was den Fortschritt auf diesem Gebiet auch in den nächsten Jahren vorantreiben wird. Schon heute sind viele Benutzerschnittstellen sprachgesteuert.

Aber nicht nur an der Spracherkennung, sondern auch an der Sprachgenerierung wird unter Hochdruck gearbeitet. Google hat im Mai 2018 auf der Entwicklerkonferenz Google I/O das Google Duplex vorgestellt. Die KI-Lösung vereinbarte selbstständig einen Restaurantbesuch und einen Friseurtermin, aber nicht nur dies: Die generierte Sprache war so gut wie nicht von der eines Menschen zu unterscheiden (Leviathan/Matias, 2018). Auch die typischen »ums« und »ahs«, die Menschen unwillkürlich als Fülllaute einstreuen, wurden genutzt, um ein möglichst  natürliches Spracherlebnis zu generieren. Sie wollen sich selbst überzeugen? Werfen Sie einen Blick in das Video via QR-Code oder über den Link www.youtube.com/watch?v=znNe4pMCsD4.

Diese Technologie ist nicht nur ein Forschungsvorhaben. Wenn man zu einer ausgewählten Nutzergruppe von Google-Pixel-Telefonen gehört, kann man Google Duplex bereits heute für Restaurantreservierungen nutzen.

Dialoge zwischen Mensch und Maschine

ELIZA beherrschte nur sehr einfache Dialoge. Heutige Chatbots sind da viel weiter, wie die vielen Beispiele zeigen, die in Kapitel »KI in der Interaktion« gelistet sind. Und trotzdem unterliegen sie derzeit noch inhaltlichen Limitierungen. Zumeist beschränken sie sich auf Dialoge zu einer bekannten und häufigen Fragestellung.

Können KI-Lösungen aber in Zukunft auch argumentieren und anspruchsvolle Beratungsaufgaben wahrnehmen? Der erste Schritt in diese Richtung ist bereits getan. 2018 stellte IBM das Forschungsproject Debater vor. Diese KI-Lösung hört sich die Argumente des menschlichen Gegenübers an und entwickelt auf dieser Basis eine eigene, neue Argumentation. Zielsetzung ist es, das Publikum davon zu überzeugen, die Position zu dem debattierten Thema zu überdenken.

BEISPIEL: PROJECT DEBATER VS. DEBATTIER-MEISTER

Project Debater trat öffentlich unter anderem gegen Noa Ovadia, die israelische Meisterin im Debattieren aus dem Jahr 2016, sowie im Jahr 2019 gegen den Rekord-Debattengewinner Harish Natarajan an. Nach den Veranstaltungen war die Mehrheit des Publikums jeweils der Meinung, dass Project Debater ihr Wissen mehr bereichert habe als der menschliche Counterpart. Doch verschaffen Sie sich selbst einen Eindruck: https://www.youtube.com/watch?v=m3u-1yttrVw

Autonomes Lernen: AlphaZero

Lange Zeit galt Go, ein ursprünglich aus China stammendes strategisches Brettspiel, als zu komplex für Computersysteme. Bei 10^{170} möglichen Stellungen auf dem aus 19 waagrechten und 19 senkrechten Linien bestehenden Spielbrett führen klassische Methoden zur Bestimmung des nächsten besten Spielzugs nicht zum Erfolg. Zum Vergleich: Die geschätzte Anzahl von Atomen im Universum liegt bei ca. 10^{80}.

DeepMind, ein britisches KI-Unternehmen, das 2014 von der Alphabet-Holding, zu der auch Google gehört, übernommen wurde, stellte sich der Herausforderung und entwickelte AlphaGo, ein KI-basiertes Computerprogramm zum Spielen von Go. Nach ersten Tests trat AlphaGo 2016 in einem mehrtägigen Turnier gegen den koreanischen Großmeister Lee Sedol an. Vor dem ersten Spiel war Lee Sedol noch sehr optimistisch und ging davon aus, dass die menschliche Intuition der KI überlegen ist. Nach der ersten verlorenen Partie sagte Sedol, dass er sprachlos sei und AlphaGo ein perfektes Spiel gemacht habe. Über 200 Mio. Online-Zuschauer beobachteten, wie AlphaGo gewann. Aber nicht nur das. In den fünf Spieltagen konnten sie völlig neue, kreative und aus menschlicher Sicht schöne Spielzüge von AlphaGo sehen. Am Ende verlor Lee Sedol das Turnier deutlich mit 4:1 gegen AlphaGo (BBC News, 2016). Ähnlich ging es dem chinesischen Go-Großmeister Ke Jie. Er verlor im Mai 2017 gegen eine verbesserte Version von Alpha Go.

Während AlphaGo noch von Menschen gespielte Partien zum Training genutzt hatte, lernten die Folgeversionen selbstständig durch das Spielen gegen sich selbst. AlphaGo Zero gewann nach drei Tagen Training gegen die Vorversion, und zwar deutlich mit 100:0 (Silver, David et al., Oktober 2017). Das Computerprogramm zeigte, dass es erfolgreich Wissen und ein eigenes Verständnis von Go aufbauen konnte – und dies ganz ohne Training durch den Menschen. Mit der nächsten Version demonstrierte DeepMind, dass so nicht nur Go, sondern auch andere Spiele gelernt werden können. Als Beispiele wurden Schach und Shogi, ein japanisches Spiel, gewählt. Die neue Version AlphaZero gewann Go nach drei Tagen 60:40 gegen AlphaGo Zero. Für Schach brauchte AlphaZero nur neun und für Shogi sogar nur zwei Stunden, um die jeweils besten bisherigen Computerprogramme zu besiegen.

Die Fähigkeit zu verallgemeinern wird neben der Fähigkeit selbst zu lernen als eines der wichtigen Merkmale von wirklich intelligenten Systemen, d.h. von Artificial General Intelligence (übersetzt: starke KI), angesehen. AlphaZero und die damit verbundene Technologie, Deep Reinforcement Learning, sind hier ein Durchbruch. DeepMind geht davon aus, dass dieser Ansatz nicht nur für Spiele, sondern auch für andere Aufgabenstellungen anwendbar ist, bei denen eine Vielzahl von Aktionen in der richtigen Reihenfolge durchgeführt werden muss, z.B. in Planungsprozessen.

AlphaGo und seine Nachfolgeversionen inspirierten viele Forscher und auch Regierungen. Die New York Times bezeichnete die Siege gegen die Go-Profis als einen »Sputnik-Moment« für China (New York Times, 2017). Das Land, das massiv in KI investiert und die Strategie verfolgt, bis 2030 weltweit Nummer eins in KI zu werden, schloss 2018 auf. Das in China entwickelte Go-Computerprogramm Golaxy gewann nur ein Jahr, nachdem Ke Jie gegen Alpha Go verloren hatte, und zwar ebenfalls gegen Ke Jie (Fu, 2018).

Die drei Treiber für den Fortschritt von KI

Für den rasanten Fortschritt von KI in den letzten Jahren gibt es drei Gründe:

1. Verbesserte Algorithmen
2. Um mehr als einen Faktor von 100.000.000.000.000.000 gesunkene Kosten für Rechenleistung, gerechnet vom ersten Computer bis heute
3. Exponentielles Wachstum der Daten, die für Machine Learning genutzt werden können

Diese Treiber werden sich in den nächsten Jahren weiter verstärken.

Verbesserte Algorithmen – Deep Learning

Hinter vielen der im vorherigen Kapitel beschriebenen Entwicklungen stehen Deep-Learning-Algorithmen. Deep Learning bezeichnet moderne Neuronale Netze, die anders als ein Perzeptron zusätzlich zur Ausgabeschicht mehr als zwei Neuronenschichten haben. Sie können sowohl strukturierte als auch unstrukturierte Daten wie Texte, Bilder und Sprache verarbeiten. Bedingt durch ihre Architektur machen diese Tiefen Neuronalen Netze (im Englischen: Deep Neural Networks, kurz: DNN) die direkte Verarbeitung von Rohdaten möglich. Zusätzlich ist der Abstraktionsgrad höher und die trainierten Modelle können breiter eingesetzt werden.

Es gibt verschiedene Arten von Tiefen Neuronalen Netzen. Die beiden prominentesten Formen sind Gefaltete Neuronale Netzwerke (im Englischen: Convolutional Neural Networks, kurz: CNN) und rekurrente oder rückgekoppelte Neuronale Netze (RNN).

- Für den Durchbruch bei der Bilderkennung waren CNNs entscheidend. Seit 2012 wurden alle ImageNet Challenges von CNNs gewonnen (siehe Kapitel »Innovationen der letzten Jahre«). Sie sind im Prinzip eine Weiterentwicklung der mehrlagigen Perzeptron-Modelle und erlauben die parallele Verarbeitung der Eingangsdaten, was vor allem bei Bild- und Audiodaten eine große Rolle spielt.

- Spracherkennung und -generierung, wie wir sie von Siri, Alexa, Cortana oder Google Assistant kennen, wären nicht ohne

RNNs möglich. Neben der Spracherkennung eignen sie sich besonders für Übersetzungen jedweder Form, so etwa Sprachen- oder Bild-Text-Übersetzungen, und die Handschriftenerkennung.

Die nächste Generation Neuronaler Netze ist schon heute in Sicht. Sie werden komplexere Aufgaben noch schneller und mit weniger Rechenleistung lösen können.

Steigerung der Computerleistung – Senkung der Kosten

Um zu berechnen, wann eine 1:1-Simulation des menschlichen Gehirns mithilfe von Computern möglich sein wird, analysierten Anders Sandberg und Nick Bostrom vom Future of Humanity Institute der Oxford University in einer Forschungsarbeit die Kosten für Computerleistung. Sie ermittelten, dass sich die Kosten alle fünf bis sechs Jahre um einen Faktor 10 reduzieren. Gerechnet vom ersten Computer, der 1941 von Konrad Zuse erfunden wurde, bis zum Jahr 2008 ergab sich eine Kostensenkung um den Faktor von ca. 1:1.000.000.000.000 (10^{12}; Sandberg/Bostrom, 2018). Diese Entwicklung hat sich in den letzten Jahren weiter beschleunigt: Der Faktor, mit dem sich heute die Kosten für KI-bezogene Computerleistung alle fünf Jahre reduzieren, liegt bei über 10.000 und ist somit 1.000 Mal so hoch (Amodei/Hernandez, 2018).

Die großen Steigerungen der Prozessorleistung wurden durch den Einsatz von Graphik-Prozessoren (im Englischen: Graphics Processing Unit, kurz: GPU) erzielt. GPUs waren ursprünglich die Arbeitspferde für Computerspiele. Ihre massiv parallelen Architekturen, die einen hohe Datendurchsatz ermöglichen, eignen sich jedoch nicht nur zur Grafikberechnung, sondern auch für KI-Anwendungen, für die sie seit 2012 zum Einsatz kommen. Man muss sich daher nicht wundern, wenn KI-Konferenzen von NVIDIA und Intel, den Marktführern im Geschäft mit Grafikprozessoren, organisiert werden. Beide sind mittlerweile wichtige Anbieter für KI-Hardware. Weitere Fortschritte wurden durch speziell für KI-Anwendungen entwickelte Prozessoren erzielt. Einer der Vorreiter war auch hier Google mit den Tensor-Prozessoren (im Englischen: Tensor Processing Unit, kurz: TPU). Diese kamen nicht nur bei AlphaGo zum Einsatz, sondern werden auch bei diversen Google-Anwendungen genutzt, so beispielsweise bei Google-Suche, Google Übersetzer, Google Fotos, Google Assistant und Gmail. Neben den großen Playern wie Google, Amazon, Apple, IBM, Huawei, NVIDIA, Intel und Facebook arbeiten auch zahlreiche Start-ups an Prozessoren für KI. In den nächsten Jahren wird es daher sicher zu weiteren Innovationen in diesem Bereich kommen.

Nicht nur für Unternehmen und deren Produkte spielt diese Technologie eine Rolle. Sie hat auch längst Einzug in die Wohnzimmer genommen: Neben Smartphones nutzen beispielsweise auch moderne OLED-Fernseher Prozessoren mit KI-Funktionalität, um die Bild- und Tonqualität zu optimieren.

Neben KI-Prozessoren wird auch der Einsatz von sogenannten Quantencomputern zukünftig die Leistungsfähigkeit der KI-Hardware steigern. Ein Ende dieser Entwicklung ist nicht in Sicht. Kosten für die Computerleistungen bei KI-Anwendungen werden somit weiter sinken und die Anwendungsbereiche von KI gleichzeitig weiter anwachsen.

Verfügbare Daten

Daten sind die Grundlage, damit KI-Systeme trainiert und immer weiter verbessert werden können. Gibt es nicht genug Trainingsdaten, nutzen auch effektive Algorithmen und immer preiswertere Computerleistung nichts. Daten sind damit der wichtigste Treiber für den KI-Fortschritt. Neben den klassischen Unternehmensdaten werden immer mehr Daten über die sozialen Medien und von Sensoren in den verschiedensten Geräten produziert. Insbesondere die Menge der sogenannten unstrukturierten Daten, das sind Bilder, Videos, Audiodaten, Texte, wächst immer schneller. Daten sind nicht nur die Grundlage von KI. Umgekehrt ermöglicht KI auch erst die Auswertung dieser umfangreichen Datenmengen. In einer Studie geht man davon aus, dass die Menge der durch KI analysierten Daten um einen Faktor 100 auf 1,4 ZB in 2025 anwächst (Reinsel et al, 2017). Auch wenn diese Zahlen schon beeindruckend sind, ist dies erst der Beginn.

Die KI-Beschleuniger

Das Spektrum digitaler und KI-basierter Geschäftsmodelle wird durch andere innovative Technologien erweitert. Zusätzlich wird viel Geld in KI investiert. In diesem Kapitel erfahren Sie unter anderem,

- warum das Internet of Things neue KI-Lösungen pusht,
- welch wichtige Rolle die Blockchain-Technologie spielt,
- wer zu den Big Playern im Geschäft mit der KI gehört,
- wie Deutschland im internationalen Wettstreit um die Führungsrolle positioniert ist.

Internet of Things (IoT)

Das Internet der Dinge ist, wie der Name schon vermuten lässt, das Netzwerk identifizierbarer physikalischer Objekte. Diese enthalten Technologie, die sowohl Kommunikation ermöglicht (z. B. über das Internet) als auch physikalische Zustände ermittelt wie Temperatur, Bewegung und Ort etc. Auf dieser Basis können die Objekte mit sich selbst oder mit ihrer Umgebung interagieren.

Smart Home

Ein Bereich, in dem es in den letzten Jahren – auch dank Amazon und Google – einen Durchbruch gegeben hat, ist Smart Home: IoT-fähige Geräte werden in Wohnräumen und -häusern zu Verbesserung der Lebensqualität sowie zur Erhöhung von Effizienz und Sicherheit eingesetzt und vernetzt, so beispielsweise:

- Haustechnik (z. B. Heizung, Beleuchtung, Alarmanlage, Jalousien, Wasser),
- Haushaltsgeräte (z. B. Herd, Kühlschrank, Waschmaschine),
- Unterhaltungselektronik.

Neben der Steuerung, der Automation und dem Monitoring können IoT-Systeme z. B. auch als Frühwarnsysteme genutzt werden.

BEISPIEL: WASSERSCHADEN

Um Wasserschäden zu erkennen, kann man Sensoren einsetzen. Registrieren sie Feuchtigkeit, wird ein Signal gesendet, das den Haus- und Wohnungsbesitzer oder Mieter dann per Mobile App warnt.

Mit den Sensoren lassen sich nicht nur der Rohrbruch, sondern auch kleine Lecks identifizieren, die ohne den Einsatz von KI lange Zeit unentdeckt bleiben, aber nicht minder große Schäden z. B. am Mauerwerk anrichten. Mit KI kann man die akustischen Signale direkt an der Wasserleitung auswerten, um Auffälligkeiten zu identifizieren. Wenn ungewöhnliche Muster auftreten, wird eine Warnung gesendet, bevor ein Schaden eintritt. Mit der gleichen Technologie können die Wasserverluste in den öffentlichen Versorgungssystemen minimiert und Wasser gespart werden.

Einsatzmöglichkeiten für IoT

IoT ist nicht auf den privaten Bereich beschränkt. Darüber hinaus gibt es eine Vielzahl von praktischen Einsatzmöglichkeiten, wie folgende Beispiele zeigen.

Einsatzmöglichkeiten für IoT – Beispiele

- Mit dem Internet verbundene, vernetzte Fahrzeuge (z. B. Connected Cars)
- Optimierte Verkehrssteuerung (Smart Traffic Control)
- Überwachung der Verkehrsinfrastruktur (z. B. Brücken, Gleise)
- Intelligente Energiesteuerung (Smart Grid, Smart Metering)
- Überwachung der Umwelt, z. B. Luft- und Wasserqualität
- Optimierter Dünger- und Wassereinsatz in der Landwirtschaft (Smart Farming)
- Kontrolle der Lebensmittelherkunft (Food Safety)
- Überwachung der Lieferkette (Supply Chain Management)

Einsatzmöglichkeiten für IoT – Beispiele

- Überwachung von Maschinen, um Ausfällen vorzubeugen (Predictive Maintenance)
- Einsatz von Sensoren in Kleidung, Schuhen und Helmen, um Arbeitsunfällen vorzubeugen
- Einsatz in der Pflege zur Fernüberwachung der Vitalfunktionen und Auslösung eines Notfallalarms bei Bedarf

Dies ist nur eine kleine Auswahl an heute bereits existierenden Lösungen. Schauen wir uns eines dieser Beispiele an, um die Chancen, die sich dahinter verbergen, zu verdeutlichen.

BEISPIEL: CONNECTED CARS

Vernetzte Autos haben heute mehr als 100 Sensoren. Sie generieren damit ca. 25 Gigabyte Daten pro Stunde. Um dies zu veranschaulichen: Die Bibel in deutscher Übersetzung entspricht einem Datenvolumen von ca. 0,005 Gigabyte. Die in einer Stunde gesendeten Daten eines vernetzten Autos entsprechen dem Inhalt von 5.000 Bibeln oder 150 Metern Bücherregal, wenn man eine Buchbreite von 3 Zentimetern zugrunde legt. Für selbstfahrende Fahrzeuge wird geschätzt, dass sich das Volumen auf 4.000 Gigabyte am Tag erhöht (Krzanich, 2016).

Die Unternehmensberatung McKinsey prognostiziert, dass der Mehrwert, der aus den Fahrzeugdaten generiert werden kann, bis zum Jahr 2030 zwischen 450 und 750 Mrd. US-Dollar liegt (Bertoncello et al., 2018). Durch zusätzlichen Umsatz und Kostensenkungen entsteht ein signifikanter Wertbeitrag für das Geschäftsmodell der Automobilhersteller und ihrer Geschäftspartner. Vermutlich lässt sich durch die Technologie auch die Fahrsicherheit erhöhen, was auch den Autofahrern und der Gesellschaft nutzt.

KI bietet die notwendigen Algorithmen, um Bild- und Videoanalyse in Echtzeit durchführen zu können. Damit ist sie eine entscheidende Komponente bei der Entwicklung von selbstfahrenden Fahrzeugen.

Herausforderungen

IoT schafft viele Möglichkeiten und eröffnet unzählige Chancen. Aber es gibt auch Herausforderungen, die zu lösen sind:

- Wie kann die Datenflut ausgewertet werden?
- Steht genügend Bandbreite für die Kommunikation bereit, damit sie annähernd in Echtzeit stattfinden kann?

Auswertung der IoT-Daten

Mithilfe von KI können die Daten, z. B. Sensor-, Video-, Bild-, Audio- und Verkehrsdaten, ausgewertet werden. Und nicht nur das: Umgekehrt helfen die Daten, die KI-Algorithmen immer besser zu machen. Es wird geschätzt, dass in 60 % aller IoT-Vorhaben KI und Machine Learning genutzt werden (Lamarre/May, 2019). Technologische Innovationen wie spezifische Prozessoren, die bereits KI-Komponenten enthalten, machen IoT-Geräte zukünftig »intelligenter«. Schon heute gibt es solche spezifischen Prozessoren für die Auswertung von Bild- und Videodaten.

Konnektivität

5G-Netze sollen in geeigneten technischen Umgebungen Datenraten bis zu 10 Gigabit pro Sekunde ermöglichen. Das entspricht einer Verbesserung um einen Faktor von 33 im Vergleich zu Spitzenraten von 300 Mbit/s in einem LTE-Netz. Zudem sinkt die Antwortzeit des Netzes von 10 Millisekunden auf 1 Millisekunde. Damit wird es möglich, Daten annähernd in Echtzeit auszutauschen. Das ist nicht nur für IoT-basierende Lösungen wichtig. Viele, heute vielleicht noch futuristisch klingende Technologien können damit zum Durchbruch gebracht werden.

Deutschland liegt heute bei den Netzabdeckungen und Geschwindigkeiten in Europa auf den hinteren Plätzen, sogar noch hinter Albanien (P3 Studie, 2018). Für Zukunftstechnologien wie Industrie 4.0 und Connected Cars ist dies ein signifikanter Nachteil. Die schnelle und flächendeckende Einführung von 5G-Netzen oder ähnlich effizienten Technologien ist entscheidend, um im internationalen Wettbewerb mithalten zu können.

Blockchain

2008 beschrieb ein Satoshi Nakamoto die Kryptowährung Bitcoin. Wer hinter dem Pseudonym Nakamoto steckt, ist bis heute nicht geklärt. Kurz darauf im Januar 2009 wurde die erste Version der Referenzimplementierung Bitcoin Core veröffentlicht. Deren Kern ist eine Blockchain-Datenstruktur und die dazugehörigen Komponenten. Das Problem, das Blockchain löst, nennt man »doppelte Ausgaben« (»double spend«): Wenn eine Person A an eine Person B 100 Euro sendet, dann muss sichergestellt sein, dass die Person A die 100 Euro wirklich nicht mehr hat. Im klassischen Bankwesen stellen dies Finanzinstitute sicher, die darüber Buch führen. Blockchain ermöglicht eine dezentrale Buchführung, die keinen Intermediär, also keine Banken braucht.

Eine Blockchain, auch Distributed Ledger genannt, ist eine erweiterbare Liste von kryptografisch signierten, nicht widerrufbaren Datensätzen, die in einem Peer-to-Peer-Netzwerk mit allen Teilnehmern geteilt werden. Jeder Computer-Knoten dieses Netzwerkes hat eine Kopie dieser Transaktionen, sodass es keinen Single Point of Failure gibt. Jeder Eintrag hat einen Zeitstempel und ist mit den vorangegangenen Transaktionen vernetzt. Jeder Teilnehmer mit Zugriffsrechten kann die Historie auf diese Weise eindeutig nachvollziehen. Soll ein neuer Eintrag, ein Block, hinzugefügt werden, wird mit einem algorithmischen Verfahren, dem Konsensprotokoll, geprüft, ob die Transaktion legitimiert ist und ob Datenintegrität, Konsistenz und Unveränderbarkeit sichergestellt sind. Eine Blockchain ermöglicht dezentrale, sichere Transaktionen. Die technischen Vorteile, die man sich davon verspricht, sind folgende:

- Eine gemeinsame, transparente und nicht manipulierbare Informationsquelle,

- Schutz vertraulicher Daten,

- Stabilität, Effizienz und Real-Time-Fähigkeit.

Blockchain-Technologien sind nicht nur für Kryptowährungen interessant. Sie werden mittlerweile auch auf anderen Gebieten genutzt. Hier einige Beispiele:

- Estland, ein Vorreiter in der Digitalisierung, nutzt Blockchain seit 2012 produktiv im Gesundheitswesen, in der Justiz und der Gesetzgebung und im Bereich Sicherheit.

- Everledger nutzt Blockchain, um die Herkunft von Diamanten nachzuweisen.

- We.Trade bietet eine Blockchain-basierte Plattform für die Handelsfinanzierung.

- Eine große Rolle spielt diese Technologie auch bei Smart Contracts. Das sind Blockchain-Anwendungen, die vertragliche Inhalte in der Blockchain abbilden. Wenn die dort dokumentierten Vertragsbedingungen eintreten, wird automatisch ein Ereignis, z. B. die Auszahlung einer Versicherungssumme, getriggert.

Und auch für Künstliche Intelligenz liefert die Blockchain-Technologie einen nicht zu unterschätzenden Nutzen. Daten sind die Grundlage für das Training von KI, wie wir bereits gesehen haben. Je besser die Datenqualität ist, umso besser ist auch die Qualität der Prognosen von KI. Blockchain liefert geprüfte, konsistente und vertrauenswürdige Daten – ein großer Vorteil für viele Branchen. So profitiert davon beispielsweise die globale Logistik. Der Einsatz von Blockchain kann hier eine einheitliche, von allen akzeptierte Datengrundlage schaffen und die Kosten deutlich senken, wie das Beispiel TradeLens zeigt.

BEISPIEL: TRADELENS

Maersk, eines der größten Transport- und Logistikunternehmen weltweit, hat gemeinsam mit IBM 2018 die Plattform TradeLens gegründet. Deren Ziel ist es, viele der kostspieligen, manuellen und ineffizienten globalen Handelsprozesse transparenter und effizienter zu machen. Die auf Blockchain-Technologie basierende Informationsplattform bietet Services für alle Stakeholder im weltweiten Handel, u. a. Logistikdienstleister, Spediteure, Häfen, Zollbehörden. Seit der Einführung ist die Zahl der täglich erfassten Versandvorgänge laut TradeLens von 1 Mio. auf 1,5. Mio. Anfang 2019 gestiegen (White/Erdly, 2019). TradeLens konnte in einem Beispiel die Transitzeit einer Sendung von Verpackungsmaterialien zu einer Produktionslinie in den USA um 40 % verringern. Einige Teilnehmer der Plattform schätzen, dass sie damit die Schritte zur Beantwortung grundlegender operativer Fragen, wie z. B. »Wo ist mein Container?«, von zehn Schritten und fünf Personen auf einen Schritt und eine Person reduzieren können (Maersk, 2018). Gründe dafür sind die höhere Transparenz und effizientere Kommunikationsmittel.

Lösungen wie die von TradeLens stellen wichtige Basisinformationen zur Verfügung und können leicht mit IoT- und KI-Komponenten erweitert werden. Sensoren erlauben z. B. die Überwachung der Temperatur beim Versand empfindlicher Güter wie etwa Arzneimitteln. Auf Basis der dann geschaffenen Datenbasis kann man mithilfe von KI zusätzliche Funktionalitäten zur Verfügung stellen, so etwa natürlich-sprachliche Suchanfragen (»Wie hoch ist die Temperatur im Container?«), Warnungen, falls sich Schwierigkeiten anbahnen (z. B. Schlechtwetter), Empfehlungen (z. B. alternative Routen).

Die Blockchain-Technologie hat nicht nur positive Auswirkungen auf die Datenqualität, sondern auch auf die Datenhoheit und -sicherheit. Heute sammeln große Plattformen wie Google und Facebook Benutzerdaten, um diese dann kommerziell auszuwerten. Blockchain schafft Möglichkeiten, solche Daten dezentral zu managen und somit die Datenhoheit an diejenigen zurückzugeben, die sie produzieren: die Benutzer. Aufgrund ihrer Sicherheitsmechanismen ist die Blockchain-Technologie auch für sensible Daten, z. B. Gesundheitsdaten, geeignet und erweitert so das Einsatzspektrum digitaler Lösungen.

Mit der Blockchain-Technologie sind heute noch Probleme verbunden, die es zu lösen gilt, so beispielsweise der hohe Ressourcenverbrauch und die mitunter langen Antwortzeiten. Wir stehen bei den Einsatzmöglichkeiten noch am Anfang. Trotz dieser Schwierigkeiten birgt Blockchain große Chancen in sich. So sind beispielsweise dank des Entfalls von Intermediären neue Geschäftsmodelle und Services möglich. Und diese werden wiederum zusätzliche sichere und konsistente Daten für KI liefern.

Investitionen und internationaler Wettbewerb

Entscheidend für den Fortschritt von KI sind neben den technologischen Treibern auch Ressourcen und Investitionen. Große Technologiekonzerne wie Alphabet, Amazon, Facebook, IBM und Microsoft investierten und investieren massiv in die Entwicklung von KI. Neue Geschäftsmodelle und Effizienzsteigerungen sind die Zielsetzung. In 2018 wurden in den USA 9,3 Milliarden US-Dollar als Venture-Capital für KI-basierte Unternehmen zur Verfügung gestellt. Das sind 72 % mehr, als es im Jahr 2017 waren (PwC/CB Insights, 2018).

Staatliche Förderung

Auch öffentliche Investitionen spielen eine wichtige Rolle beim Fortschritt von KI. Ein bekanntes Beispiel ist CALO. Das Akronym steht für »Cognitive Assistant that Learns and Organizes«. Ursprünglich war es als Assistenzsystem für Soldaten geplant. Finanziert von DARPA, der verantwortlichen US-Behörde für den Einsatz neuer Technologien beim Militär, war nach fünf Jahren Entwicklung klar, dass die Qualität von CALO nicht für Kampfeinsätze ausreichte. Das Projekt wurde daraufhin eingestellt. Allerdings machte man sich die für CALO entwickelte Technologie in vielen Spin-Offs zunutze. Das bekannteste unter ihnen: Siri, das Spracherkennungsprogramm. Es ist heute fester Bestandteil des Betriebssystems Apple iOS.

Eine lange Zeit waren die USA unangefochten führend in der KI-Forschung. Für China war der Sieg von AlphaGo gegen den Weltranglistenersten Ke Jie im Mai 2017 ein »Sputnik«-Moment (siehe hierzu auch das Kapitel »Innovationen der letzten Jahre«). Im Juli 2017 – nur zwei Monate später – verabschiedete die chinesische Regierung den »New Generation Artificial Intelligence Development Plan« (Chen/Lo, 2017). Sie verfolgt damit das ehrgeizige Ziel, China bis 2030 zur führenden Nation in puncto KI zu machen. Der Plan sieht dazu drei Schritte vor:

1. Bis 2020 soll China auf dem gleichen Niveau wie andere führende KI-Nationen sein.

2. Bis 2025 sollen wichtige Durchbrüche in der Theorie und Technologie von KI erzielt sein; in ausgewählten Bereichen

soll eine Führungsrolle erreicht sein.

3. Bis 2030 will China die globale Führung in Theorie, Technologie und Praxis übernehmen, um ein Geschäftsvolumen von 150 Mrd. US-Dollar für KI-Kerntechnologien und noch weitere 1,5 Billionen US-Dollar in damit verbundenen Industrien zu erschließen.

Chinesische Investoren setzten die Strategie sofort um. Noch im Jahr 2017 überholten sie die USA beim Venture Capital Funding von KI-Start-ups mit 4,9 Milliarden US-Dollar (ABI Research, 2018) und stellten 48 % des weltweit in KI-Vorhaben investierten Kapitals (CB Insights, 2018).

Wesentliche Zutat für das Erfolgsrezept von China ist – neben dem freizügigen Umgang mit Daten von 700 Mio. Internet-Nutzern und zahlreichen Überwachungskameras – das Zusammenspiel von Start-ups, der Regierung und den drei großen Technologieunternehmen Baidu, Alibaba und Tencent, auch kurz BAT genannt. Laut Regierung soll sich Baidu auf autonome Fahrzeuge, Alibaba Cloud auf Smart Cities und Tencent auf das Gesundheitswesen fokussieren.

Der Wettlauf um die Vormachtstellung

Der internationale Wettlauf um die führende Position hat begonnen. 2018 kündigte DARPA an, die nächste Welle von KI-Technologien mit dem mehrjährigen Programm »AI Next« und einem Investment von mehr als 2 Milliarden US-Dollar in bestehende und neue Vorhaben voranzutreiben (DARPA, 2018). Dies fügt sich in die »American AI Initiative« ein, die Donald Trump im Februar 2019 unterzeichnete und die die US-Regierungsorganisationen anweist, mehr in KI zu investieren.

Wo steht Europa? Und welche Rolle nimmt Deutschland dabei ein? Laut einer Studie der Boston Consulting Group (Duranton et al., 2018) liegt Europa deutlich hinter China und den USA zurück. In China nutzen fast 9 von 10 Unternehmen aktiv KI, in Deutschland und Frankreich ist es nur knapp jedes zweite Unternehmen. Die Europäische Union hat im April 2018 eine Dachstrategie für KI definiert und im Dezember 2018 den Umsetzungsplan veröffentlicht. Ergänzt wird dies durch nationale Strategien, die bis Mitte 2019 vorliegen sollen. Die öffentlichen und privaten Investitionen in KI sollen deutlich gesteigert werden und letztlich ein Niveau von 20 Milliarden Euro pro Jahr erreichen (European Commission, 2018).

Ein weiterer wichtiger Eckpfeiler ist die Schaffung eines europäischen Datenraums. Die EU-Datenschutz-Grundverordnung (DS-GVO, im Englischen: GDPR) bildet dafür eine wichtige Grundlage, da sie und deren Umsetzung in nationales Recht Standards setzen, die die Rechte des Einzelnen in den Mittelpunkt stellen und so Vertrauen schaffen. Das Vorgehen wurde von vielen, so auch vom Apple Chef Tim Cook sehr gelobt: »It is time for the rest of the world — including my home country — to follow your lead« (Evans, 2018). In Anbetracht der wachsenden Sorgen der Menschen in Bezug auf die Datensicherheit und -hoheit bietet sich Unternehmen in der EU die Chance, dies als Differenzierung und Wettbewerbsvorteil zu nutzen. Die Bundesregierung verabschiedete am 18. Juli 2018 die Eckpunkte für eine KI-Strategie (www.ki-strategie-deutschland.de). Zielsetzung ist es, »Artificial Intelligence (AI) made in Germany« zum weltweit anerkannten Gütesiegel zu machen. Bis 2025 sollen jährlich 500 Millionen Euro von der Bundesregierung zur Umsetzung der KI-Strategie zur Verfügung gestellt werden. Im Vergleich zu chinesischen Initiativen erscheint dies ein doch eher kleiner Betrag zu sein: Allein die chinesische Hafenstadt Tijian plant, 13 Milliarden Euro in KI zu investieren.

Es wird erwartet, dass die Investitionen einen signifikanten Effekt auf das Bruttoinlandprodukts (BIP) haben. Eine Studie von PwC geht davon aus, dass +14 % des globalen Bruttoinlandprodukts (BIP), umgerechnet 15,7 Billionen US-Dollar in 2030, ein Ergebnis des Einsatzes von KI sind (Rao/Verweij, 2017). KI ist damit der größte Wachstumstreiber in der heutigen digitalen Welt. Laut der Studie werden China mit einem geschätzten Wachstum von 26 % BIP und Nordamerika mit einem solchen von 14 % BIP die größten Profiteure dieser Entwicklung sein.

KI-basierte Geschäftsmodelle

Künstliche Intelligenz eröffnet für Unternehmen enorme Chancen. Google, Amazon und Co. machen vor, wie es funktioniert. Werfen wir einen Blick auf deren Geschäftsmodelle.

In diesem Kapitel erfahren Sie,

- warum das Erfolgsprinzip dahinter so simpel wie genial ist,
- was sich von den Besten lernen lässt,
- wie man mit Künstlicher Intelligenz Geld verdient.

Das Modell

Lohnt sich KI aus wirtschaftlicher Sicht? Mit Apple, Alphabet, Microsoft, Amazon, Facebook, Alibaba und Tencent sind sieben der zehn wertvollsten Unternehmen weltweit Big-Tech-Unternehmen, die allesamt KI nutzen und massiv vorantreiben (Statista, 2018). Das Prinzip hinter KI-basierten Geschäftsmodellen ist einfach: Den Startpunkt dafür bilden eine gute Geschäftsidee, ein Team mit dem notwendigen Know-how und eine erste Datenbasis. Diese kann aus eigenen, öffentlichen und gekauften Daten bestehen. Auf Basis der Daten setzt das Team mithilfe von KI neue Produkte auf und stellt sie den Anwendern zur Verfügung. Nutzen die Anwender die Produkte, werden neue Daten generiert und die Produkte können verbessert werden. Dadurch werden wiederum neue Kunden gewonnen.

Wir alle kennen diesen Kreislauf von den großen Technologieunternehmen. Mit den Daten zu den Suchanfragen kann Google seine Suchalgorithmen immer weiter optimieren. Facebook kennt die Interessen der Benutzer und kann auf deren Basis individualisiert Informationen sowie Werbung bereitstellen. Mit den Informationen über das Kaufverhalten seiner Kunden und deren Händler- und Produktbewertungen kann Amazon seine Online-Handel- und Online-Marktplattform immer weiter verbessern.

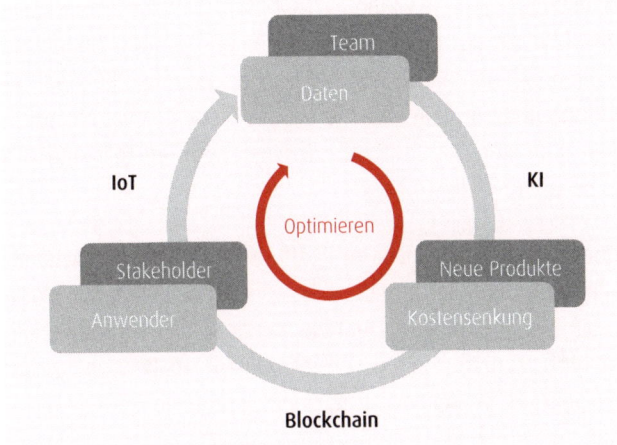

KI-basiertes Geschäftsmodell

Aber dieses Modell gilt nicht nur für neue Produkte. Dank KI kann auch die Automatisierung erhöht werden, was wiederum die Kosten signifikant senkt. Damit können die Unternehmen ihren Anwendern preisgünstigere Produkte anbieten und so den eigenen Marktanteil steigern. Zudem können sie die höheren Profite in die Entwicklung neuer Produkte reinvestieren oder aber an die Stakeholder ausschütten.

Eine weitere Dimension ist das Team. Es gibt einen War for Talents um die besten KI-Experten und Data Scientists. Die besten Talente werden von den besten Arbeitsmöglichkeiten angezogen. Dabei spielen nicht nur die Arbeitsbedingungen und das Gehalt eine Rolle. Neben vorhandenen Ressourcen und Investitionen ist auch die Datenbasis ein wesentlicher Entscheidungsfaktor. Umfangreiche Daten, die zur Entwicklung von KI-basierten Lösungen zur Verfügung stehen, ziehen die besten KI-Talente an. Und mit diesen Experten können die KI-Algorithmen weiter verbessert und neue innovative Lösungen gefunden werden, was zu einer weiteren Stärkung des Geschäftsmodelles führt.

Doch damit nicht genug: IoT-Plattformen liefern zusätzliche lokale Daten von den Geräten, die angebunden sind. Mit Blockchain werden neue dezentrale Services ohne Intermediäre möglich. Zudem können sensible Daten erhoben und sicher gespeichert werden. Diese Technologien tragen weiter zur Optimierung bei und verstärken den Kreislauf.

> KI-basierte Geschäftsmodelle bilden einen sich selbst verstärkenden Kreislauf, den neue Wettbewerber nur schwer durchbrechen können. Ohne staatliche Intervention, wie sie in China praktiziert wird, ist es für andere Anbieter schwierig, eine alternative Plattform aufzubauen.

Das weltweit wertvollste FinTech

Aber gelten diese Prinzipien auch für heute – zumindest in Deutschland – noch traditionelle Branchen wie Finanzdienstleistungen? Dass dem so ist, zeigt die Geschichte von Ant Financial Services: Früher war es für kleine und mittlere Unternehmen in China schwer, Firmenkredite zu bekommen. Die Gründe dafür waren unter anderem fehlende Kredithistorien und unzureichend dokumentierte Geschäftsmodelle.

2010 pilotierte Alibaba eine Lösung für Mikrokredite, bei denen die Darlehenssumme nicht mehr als 150.000 Euro betrug. Bei der Kreditvergabe zog es die vorhandenen Daten auf der Alibaba-Plattform zur Bewertung hinzu. Bis August 2018 wurden kumuliert 11 Millionen ungesicherte Kredite für Firmenkunden zur Verfügung gestellt (Jing, 2018). Die Ausfallrate liegt mit 1 % unter der von der Weltbank geschätzten weltweiten Durchschnittsrate von ca. 4 % (Zhang/Woo, 2018). Das Motto bei diesen Kreditgeschäften ist »3-1-0«: maximal 3 Minuten für die Eingabe eines Antrags, 1 Sekunde für die Kreditbewertung und null menschliche Interaktion. Das Erfolgsrezept: konsequenter Einsatz von Technologie, insbesondere auch KI, um schneller, preiswerter und qualifizierter Transaktionen abwickeln zu können. Die Kosten liegen nach eigenen Angaben um den Faktor 1.000 unter denen traditioneller Anbieter.

Das Firmenkundenkreditgeschäft ist heute die Aufgabe von Alibabas Tochterunternehmen Ant Financial Services. Mit einem geschätzten Marktwert von 150 Milliarden US-Dollar (Yifan Xie/Steinberg, 2018) ist das Unternehmen das wertvollste FinTech weltweit, wertvoller als die Allianz mit 85 Milliarden US-Dollar oder die Deutsche Bank mit 8,6 Milliarden US-Dollar (Bloomberg).

Zum Konzern gehört auch Ant Insurance Services mit 392 Millionen Nutzern (Jing, 2017). Differenzierungsmerkmal dieser Versicherungsgesellschaft ist die Effizienz im Schadenprozess. Hier gilt das Prinzip »2-1-2«: Es dauert 2 Minuten, um einen Schaden zu melden, 1 Sekunde für die Prüfung und 2 Stunden, bis das Geld auf das Konto des Kunden überwiesen wird. Das ist zwar etwas langsamer als der Weltrekord der Lemonade Insurance Company (Schreiber, 2017), die in nur 3 Sekunden einen Schaden, den Verlust einer Daunenjacke, geprüft und das Geld an den Kunden ausgezahlt hatte. Es setzt jedoch einen wichtigen Benchmark und zeigt das Potenzial solcher Geschäftsmodelle. Durch den Einsatz von KI hat Ant Insurance Services den Prüfungsprozess von durchschnittlich 49 Stunden auf 1 Sekunde verkürzt. Im Dezember 2018 gelang es mithilfe von Blockchain-Technologie die Auszahlung für eine Krankenkassenleistung auf 5 Sekunden zu reduzieren (China Banking News, 2018).

Ant Financial Services ist nur ein Beispiel unter vielen, wenn auch ein sehr erfolgreiches. Auch die anderen Tech-Unternehmen adressieren mittlerweile traditionelle Märkte wie den Finanzdienstleistungs- und Versicherungsmarkt.

Trotzdem gibt es Zweifel, ob dies auch für den deutschen Markt relevant ist. Die bisherige Expansionsstrategie der chinesischen Internetgiganten war es, den Reiserouten der chinesischen Touristen zu folgen. Payment-Lösungen wie Alipay und WeChat Pay werden daher auch in Deutschland angeboten (Kamp, 2017). Mit einer Investition von 41,5 Millionen Euro in Finleap (Nicola, 2018) zeigt das chinesische Versicherungsunternehmen Ping An, laut Forbes noch vor Allianz und AXA das weltweit größte Versicherungsunternehmen, dass auch der deutsche Markt durchaus im Fokus ist. Auch in Deutschland sind Innovationen, neue Produkte und Marktteilnehmer zu erwarten.

Ein Herausforderer aus Köln: DeepL

Innovation muss nicht nur aus den USA oder China kommen. Auch in Deutschland gibt es gute Beispiele dafür. Eines davon ist DeepL. Das Unternehmen aus Köln wurde 2009 unter dem Namen Linguee gegründet. Es entwickelte die erste Internet-Suchmaschine für Übersetzungen. Laut eigener Angaben hat Linguee bis 2017 über 10 Milliarden Anfragen von mehr als 1 Milliarde Nutzern beantwortet und einen Datenbestand von über einer Milliarde hochqualitativer Übersetzungen aufgebaut (www.deepl.com/publisher.html).

Auf Basis der gewonnenen Daten und den Erfahrungen, die man bereits mit Linguees Web-Crawler gesammelt hat, entwickelte es einen innovativen Online-Übersetzer. Im August 2017 ging der Übersetzer DeepL live, kurz nachdem sich das Unternehmen von Linguee in DeepL umbenannt hat. Seit Ende 2018 stehen bereits 72 mögliche Sprachkombinationen zur Verfügung. In Qualitätsvergleichen mit den anderen großen Anbietern wie Google, Microsoft und Facebook überzeugt die Lösung DeepL immer wieder durch eine bessere Qualität der Übersetzungen.

Dieses Beispiel belegt das oben beschriebene Modell für KI-basierte Geschäftsmodelle sehr eindrucksvoll. Mit einer guten ersten Geschäftsidee wird schnell ein erstes Produkt entwickelt, das gut bei den Anwendern ankommt. Mit den durch die Nutzung gewonnenen Daten können das Produkt optimiert und neue Produkte entwickelt werden. Der Fall DeepL zeigt zudem: Es gibt ausreichend Raum für bisher noch nicht dagewesene Geschäftsideen. Auch die heutigen Tech-Giganten können mit neuen innovativen Lösungen herausgefordert werden.

Weitere Möglichkeiten der Monetarisierung

Der Aufbau von Plattformen und neuen Produkten ist aber nicht die einzige mögliche Einnahmequelle, die die Entwicklung von KI-Anwendungen erschließt. Die Anwendungen können auch Dritten zur Verfügung gestellt werden. Alle genannten großen Technologie-Unternehmen bieten KI-Services in ihren Cloud-Umgebungen an. Entwickler können diese einfach einbinden und individuelle Lösungen schaffen.

Auch bei Ant Financial Services wird von dieser Variante Gebrauch gemacht. Auf der Ant-Fortune-Plattform stehen die entwickelten KI-Funktionalitäten zur Verfügung, um andere Unternehmen bei der Digitalisierung zu unterstützen. So nutzen z. B. chinesische Vermögensverwalter diese Services mit großem Erfolg: Kostenreduktionen um 50 %, eine Verzehnfachung der täglichen Besucher und eine Verdreifachung des wiederangelegten Vermögens werden von den beteiligten Unternehmen berichtet. Dies generiert in der Regel nicht nur neue Umsätze, sondern auch weitere Daten – um damit wiederum noch bessere Produkte anbieten zu können.

Basiselemente der KI und deren Einsatz in der Praxis

Für viele Menschen ist Künstliche Intelligenz immer noch nichts anderes als Science-Fiction. Dabei hat sie längst Einzug in unser Berufs- und Privatleben gehalten. Ohne dass es uns bewusst wird, nutzen wir KI-Anwendungen und -Technologien fast täglich.

In diesem Kapitel erfahren Sie unter anderem,

- welche Kernfunktionalitäten der KI unseren Alltag erleichtern,
- warum KI ohne Machine Learning nicht möglich wäre,
- welche Infrastrukturen für KI nötig sind.

Starke und Schwache KI

Wenn wir an Science-Fiction denken, handelt es sich meist um starke KI (englisch: Artificial General Intelligence, AGI). Starke KI hat das Ziel, Maschinen zu bauen, die mindestens ein menschliches oder sogar noch höheres Intelligenzniveau erreichen, und zwar nicht nur in sehr spezifischen Einsatzbereichen, sondern für ein breites Anwendungsspektrum. Bis heute ist kein solches System realisiert worden. Und bei den Schätzungen, ob und wann dies erreicht werden kann, liegen die Experten weit auseinander.

Schwache KI (Narrow, Weak oder Applied AI) fokussiert sich demgegenüber auf die Lösung von spezifischen Anwendungsfällen. In diesem TaschenGuide beschäftigen wir uns mit der Praxis und daher mit der schwachen KI. Eine elegante Definition haben die Professoren Ajay Agrawal, Joshua Gans und Avi Goldfarb in ihrem Buch »Prediction Machines« vorgeschlagen. Aus ihrer Sicht liefert heutige KI nicht umfassende Intelligenz, sondern eine wichtige Komponente der Intelligenz: die Fähigkeit, Vorhersagen zu treffen. Vorhersagen verstehen sie als Prozess, der fehlende Informationen ergänzt. Das heißt, vorhandene Informationen (»Daten«) werden genutzt, um fehlende Informationen zu ergänzen.

Machine Learning

Die Definition der drei Wissenschaftler ist sehr nahe an einem anderen wichtigen Begriff im Kontext von KI: Machine Learning (ML). ML ist der Bereich der Informatik, der Algorithmen entwickelt, die aus Daten lernen. Trainingsdaten werden genutzt, um den Algorithmus aufzubauen. Dieser wiederum wird dann auf bisher unbekannte Daten angewendet. Mithilfe von Feedbackdaten kann der Algorithmus weiter verbessert werden.

Der weitverbreitete Glaube, dass Computer nur das tun, wozu sie programmiert sind, relativiert sich hier: Bei ML sprechen wir von Computerprogrammen, die sich selbst programmieren, indem sie vorhandene Daten nutzen. Sie lernen dabei auf unterschiedliche Weise.

Überwachtes Lernen (Supervised Learning)

Es gibt Beispieldaten, die das zu prognostizierende Zielmerkmal, das sogenannte Label, enthalten und aus denen der Algorithmus lernen kann. Das Erkennen von Katzen auf Bildern wird auf der Basis von korrekt gekennzeichneten Bildern (Katze und Nicht-Katze) gelernt (siehe die Abbildung). Nach einer erfolgreichen Trainingsphase können auch neue Bilder, die nicht trainiert wurden, klassifiziert werden.

Überwachtes Lernen – Klassifizierung

Supervised-Learning-Verfahren können nicht nur Merkmale, sondern auch numerische Werte prognostizieren, z. B. die Schadenhöhe im Falle eines Versicherungsschadens. Derzeit ist das überwachte Lernen die Lernweise, die in praktischen Anwendungen am weitesten verbreitet ist – und daher begegnet es uns in diesem TaschenGuide auch immer wieder.

Nichtüberwachtes Lernen (Unsupervised Learning)

Beim nichtüberwachten Lernen werden aus den Daten intrinsische Muster extrahiert.

Ein Algorithmus bildet Gruppen ähnlicher Beispiele, sogenannte Cluster, so beispielsweise Kundengruppen aufgrund von Kaufverhaltensdaten. Oder er erkennt Ausreißer (Anomalien), was beispielsweise zur Aufdeckung von Betrugsfällen eingesetzt werden kann.

Katzen

Hunde

Nichtüberwachtes Lernen – Clustering

Bestärkendes Lernen (Reinforcement Learning)

Der Algorithmus kennt den Zustand der Umgebung und kann Aktionen ausführen, für die er je nach Ergebnis der Aktion Feedback in Form einer Belohnung erhält. So lernt er die Spielregeln dieser Umgebung und welche Aktion er wählen soll, um das Feedback zu optimieren.

Bestärkendes Lernen

Der AlphaGo-Algorithmus und seine Folgeversionen waren die erste breite Anwendung von bestärkendem Lernen. Grundsätzlich kann es bei allen Problemstellungen eingesetzt werden, bei denen es beschreibbare Rahmenbedingungen gibt und eine Reihe von Aktionen in der richtigen Reihenfolge durchgeführt werden müssen. Es eignet sich also neben Spielen etwa auch für Planungsprozesse, Ressourcenmanagement und Robotik.

> ML-Modelle sind nie Selbstzweck, sondern immer Mittel zum Zweck. Eine KI-Lösung kann ML-Modelle nutzen und bindet diese ein. Wichtig für den Erfolg von KI-Lösungen ist es, vom zu lösenden geschäftlichen Problem auszugehen und dann erst die passende Methode aus dem umfangreichen ML-Werkzeugkasten auszuwählen.

Die Kernfunktionalitäten

Derzeit sind es vor allem fünf Funktionalitäten, die uns im praktischen Einsatz von KI begegnen.

Spracherkennung und Übersetzung

Hinter Spracherkennung steht die Idee, Maschinen das Hören beizubringen. Mittels KI kann gesprochene Sprache in Text umgewandelt werden und umgekehrt Text in gesprochene Sprache. Genutzt wird dies beispielsweise bereits bei Google Duplex (siehe Kapitel »Innovationen der letzten Jahre«). Diese Technologie kommt aber auch bei Diktierfunktionen, wie sie heute Smartphone-Anwendungen und Computer-Programme enthalten, zum Einsatz. Bei YouTube wird sie zur automatisierten Generierung von Untertiteln genutzt. Und sie ist natürlich Bestandteil von Sprachassistenten wie Siri, Cortana, Alexa oder Google Assistant.

Die maschinelle Übersetzung hat in den letzten Jahren große Fortschritte gemacht. So kann man Audiodateien in Text umwandeln und bei Bedarf übersetzen.

Verarbeitung natürlicher Sprache

Das automatisierte »Lesen« und »Verstehen« von Texten, die Verarbeitung von natürlicher Sprache (im Englischen: Natural Language Processing, kurz: NLP), ist eines der am meisten verbreiteten praktischen Anwendungsfelder von KI. Es macht beispielsweise die Suche im Web möglich und auch die Klassifikation von Texten etwa für Spam-Filter. Es sind aber auch komplexere und spezifische Klassifikationen möglich, z.B. die Erkennung von Anliegen aus einem natürlich-sprachlichen Text

(Beispiel: Aus dem Satz »Ich bin umgezogen« folgert das System »Adressänderung«).

Heutige KI-Anwendungen können aber auch komplexere Analysen durchführen: Aus jeder Art von Texten können Schlüsselwörter, Orte, Personen, Objekte, Marken, Ereignisse und Beziehungen extrahiert und in Kategorien eingeordnet werden. Auch können grundlegende Konzepte, die vielleicht gar nicht im Text genannt werden, erkannt werden.

BEISPIEL: ZUORDNUNG VON KONZEPTEN

Einem Text über das Thema CNN können die Konzepte Deep Learning und KI zugeordnet werden, auch wenn diese im Text gar nicht genannt werden.

Ebenso können Texte automatisiert verglichen und beispielsweise mit Mustertexten abgeglichen werden.

Die Fähigkeit zur Empathie besitzen Computer (noch) nicht. KI-Programme können jedoch Emotionen aus Texten automatisiert herauslesen: Ist ein Text insgesamt positiv oder negativ? Welche Textbereiche drücken Ärger, Freude, Betroffenheit oder Angst aus? Ist der Text eher analytisch, vorsichtig oder mit hoher Zuversicht formuliert?

Texte erlauben sogar Rückschlüsse auf die Persönlichkeit, Denkweise, soziale Verbindungen und emotionale Zustände des Autors.

BEISPIEL: IBM PERSONALITY INSIGHTS

Das Big-Five-Modell ist das bekannteste Modell zur Erstellung von Persönlichkeitsprofilen. Mithilfe von IBM Personality Insights können anhand von Texten die fünf Dimensionen des Modells – Offenheit für Erfahrungen (Aufgeschlossenheit), Gewissenhaftigkeit (Perfektionismus), Extraversion (Geselligkeit), Verträglichkeit (Rücksichtnahme, Kooperationsbereitschaft, Empathie) und Neurotizismus (emotionale Labilität und Verletzlichkeit) sowie 30 weitere Facetten des Big-Five-Modells bestimmt werden, ebenso wie die Werte und Bedürfnisse der Textverfasser. Mit nur 3.000 Wörtern wird bereits die maximale Genauigkeit erreicht, aber schon 600 Wörter liefern nutzbare Ergebnisse. Es werden verschiedene Sprachen (aktuell Englisch, Spanisch, Arabisch, Japanisch und Koreanisch) unterstützt. Neben regulären Texten können auch Tweets ausgewertet werden. Wer es selbst ausprobieren möchte, kann diesen KI-Service im Internet ausprobieren. Er steht in den Sprachen Englisch, Spanisch, Japanisch, Koreanisch und Arabisch als Personality Insights auf der IBM Watson Webseite zur Verfügung (aufrufbar via https://personality-insights-demo.ng.bluemix.net oder QR-Code).

Es gibt auch Spezial-Anwendungen von NLP für bestimmte Fachbereiche, so beispielsweise für die Medizin. Hier können Diagnosen und Therapien und dazugehörige Detaildaten aus medizinischen Dokumentationen wie Arztbriefen oder Patientenakten extrahiert werden.

Neben der Analyse von Texten können aber auch Fragen, die in natürlicher Sprache gestellt werden, beantwortet und Dialoge geführt werden. Dies kommt bei Chatbots zum Einsatz (siehe hierzu näher Kapitel »KI in der Interaktion«).

Computer Vision

Die Idee hinter Computer Vision ist, den Computern das »Sehen« beizubringen. Jede Form von Bildmaterial kann analysiert und interpretiert werden: Objekte, Aktivitäten, Orte, Marken, Personen, Bewegungsmuster und Emotionen werden in Bildmaterialien erkannt und klassifiziert. Passende Suchalgorithmen finden und gruppieren ähnliche Bilder. Auch können bereits heute komplette Bildbeschreibungen maschinell generiert werden, so etwa, um Menschen mit Sehbehinderung zu unterstützen.

Ein besonders interessanter Einsatzbereich der Computer Vision ist die Gesichtserkennung. Man kann sie nutzen, um Bilder von sich selbst bei Facebook zu finden. Auch zur Identifizierung kann sie eingesetzt werden, so beispielsweise für private Zwecke am Smartphone oder auch am Geldautomaten ebenso wie zur Überwachung und in der polizeilichen Arbeit. Dies wirft viele soziale und ethische Fragen auf (siehe hierzu Kapitel »Risiken«).

Ein anderes wichtiges Feld ist die Erkennung von Texten und Handschriften in Bildmaterialien. In den Unternehmen liegen zahlreiche Dokumente als gescanntes Schriftgut vor. Um die oben beschriebenen Textanalyse-Funktionalitäten anwenden zu können, müssen diese Dokumente digitalisiert werden. Das funktioniert mit der OCR-Technologie (Optical Character Recognition, siehe hierzu Kapitel »Innovationen der letzten Jahre«). Diese ist daher eine wichtige Eingangstechnologie, um Datenschätze nutzbar zu machen.

Mustererkennung und Prognosen

Mit Machine Learning kann man aus jeder Form von Daten Vorhersagen ableiten, so beispielsweise zur Betrugserkennung, Kreditrisikobewertung, zur Ermittlung von Kauf- und Abwanderungswahrscheinlichkeiten, für ein dynamisches Preismanagement (Dynamic Pricing), Bedarfsanalysen und individualisierte Produktempfehlungen. Hier gibt es bereits vorkonfigurierte Anwendungen: Mit »Amazon Personalize« stellt Amazon seinen Kunden den auch für die Amazon-Plattform genutzten Algorithmus für individualisierte Empfehlungen zur Verfügung (https://aws.amazon.com/de/personalize). Aus Daten wie Seitenaufrufen, Anmeldungen, Käufen und optional zusätzlichen demografischen Informationen wird damit ein spezifisches Personalisierungsmodell erstellt.

Robotik

KI im Weltall – was sich nach Science-Fiction anhört, ist heute bereits Realität. Im November 2018 wurde CIMON (**C**rew **I**nteractive **Mo**bile Companio**n**), der erste autonom agierende Roboterassistent für Astronauten, erfolgreich von Alexander Gerst auf der Internationalen Raumstation ISS in Betrieb genommen. Nach dem Kommando »CIMON wake up!«, kam prompt die Antwort: »I am waiting for your commands.« Das KI-System soll Astronauten sowohl bei ihrer Arbeit als auch in ihrer Freizeit unterstützen. CIMON kann beispielsweise Informationen zu wissenschaftlichen Experimenten aufbereiten und Reparaturen erklären, Routineaufgaben erledigen, wie etwa die Dokumentation von Experimenten, Fußballergebnisse vorlesen oder die Lieblingsmusik vorspielen.

Um zu »sehen«, nutzt CIMON zwei Kameras zur Gesichtserkennung und weitere fünf Kameras zur Orientierung und Videodokumentation. Das System kann nicht nur das Gesicht von Alexander Gerst aus verschiedenen Perspektiven erkennen und Augenkontakt aufnehmen, sondern registriert auch Emotionen. Seine »Ohren« sind acht Mikrofone zur Richtungserkennung plus ein Richtmikrofon für eine gute Spracherkennung. Sein »Mund« ist ein Lautsprecher, über den es sprechen und Musik abspielen kann. Durch 12 interne Ventilatoren kann sich CIMON frei in alle Raumrichtungen bewegen. Ultraschall-Sensoren messen Abstände, um Kollisionen zu vermeiden. Bereits während seines ersten Einsatzes auf der ISS zeigte CIMON einige seiner Fähigkeiten: Nach etwas Small Talk bewegte es sich entsprechend der Anweisung von Alexander Gerst in der ISS, zeigte auf seinem Bildschirm das gewünschte Experiment zur Kristallbildung, machte Videoaufnahmen und spielte Gersts Lieblingsmusik. Als CIMON die Musik beenden sollte, entspann sich ein witziger Dialog (gekürzt):

CIMON: »I love music you can dance to«

Alexander Gerst: »... cancel music ...«

CIMON: »Be nice please«

Alexander Gerst: »I am nice ...«

CIMON: »Don't you like it here with me? ... Don't be so mean please.«

Den gesamten Dialog können Sie via www. youtube.com/watch?v=72sB2YjoiC8 oder QR-Code anhören.

CIMON ist ein gutes Beispiel dafür, was Robotik oder Robotertechnologie bereits heutzutage leisten kann. Hinter dieser Technologie steckt die Idee, dass Maschinen körperliche Arbeiten und Routineaufgaben übernehmen. Im Gegensatz zu einfachen mechanischen Automatisierungen sollen die Geräte jedoch in der Lage sein, komplexe Aufgaben zu übernehmen. KI ist hier der Lieferant für wichtige Basistechnologien, wie z. B. Computer Vision. Interessant ist auch, dass neben den traditionellen Kriterien Nutzen und Einfachheit auch der wahrgenommene Spaß an der Interaktion mit einem Serviceroboter wichtig für die Akzeptanz ist (Meyer, Patrick, 2018).

Die Einsatzmöglichkeiten sind breit gefächert und das Spektrum reicht von Service-Robotern über autonome Fahrzeuge bis zu Nanorobotern. Nanoroboter sind Roboter im Kleinstformat. Ihr Einsatz ist besonders für die Medizin interessant. In Zukunft sollen sie sich autonom im Körper bewegen können und beispielsweise Medikamente dort hinbringen, wo sie gebraucht werden und möglichst wenige Nebenwirkungen haben.

BEISPIEL: NANOROBOTER IN DER AUGENHEILKUNDE

Einem internationalen Forschungsteam ist es 2018 zum ersten Mal gelungen, Schwärme von Nanorobotern durch Schweineaugen zu steuern, ohne dabei das empfindliche Gewebe zu verletzen (Wu et al., 2018). Der Mikropropellerantrieb dieser Roboter ist mit einer Flügellänge von ca. 500 nm ca. 200 Mal kleiner als ein menschliches Haar.

Infrastruktur und Bereitstellung

Der Einstieg in die Welt von KI ist relativ einfach und kostengünstig möglich. KI-Funktionalitäten wie Spracherkennung, Übersetzung, NLP und Computer Vision stehen auf den Plattformen der großen Cloud-Anbieter zur Verfügung und können über Programmierschnittstellen (Application Programming Interface, kurz: API) eingebunden werden. Man braucht keinen eigenen Supercomputer oder ein Team von eigenen KI-Entwicklern, um erste Erfahrungen zu sammeln. Mit wenigen Klicks kann ein Anwender eine erste Anwendung auf einer öffentlichen Cloud erstellen.

Cloud-Anbieter: Beispiele für ML-Plattformen

- Alibaba Cloud – Machine Learning
- Alphabet / Google Cloud Platform – ML Engine, AutoML, Big Query ML, TensorFlow (Open Source)
- Amazon Web Services (AWS) – Machine Learning
- IBM Bluemix – Watson, Open Scale for AI, SPSS
- Microsoft Azure – Machine Learning
- Oracle Cloud – Adaptive Intelligent Apps

Neben den hier genannten Cloud-Anbietern erweitern die bekannten Anbieter von ERP-, CRM- und BI-Plattformen mehr und mehr ihr Leistungsspektrum um KI-Funktionalitäten (z. B. Adobe Sensei, Salesforce Einstein, SAP Predictive Analytics und SAP Leonardo, SAS). Dazu kommen noch neue, spezialisierte Unternehmen. Das Angebot ist also breit. Es gibt Anbieter für ML-Plattformen wie Alteryx, Dataiku, Databricks, DataRobot, H2O.ai, KNMIM, MathWorks, RapidMiner und TIBCO Software, um nur einige von den wichtigeren zu nennen. Ebenso gibt es Spezialanbieter für andere Bereiche von KI, wie z. B. Chatbot-Lösungen (siehe hierzu Kapitel »KI in der Interaktion«).

In naher Zukunft wird ein starkes Umsatzwachstum für KI- und ML-Plattformen erwartet. Schon in den letzten Jahren hat es viele Unternehmenskäufe und Zusammenführungen (M&A) gegeben. Diese Marktkonsolidierung wird sich in den nächsten Jahren voraussichtlich verstärken.

Unabhängig von den Enterprise AI-Plattformen gibt es eine starke und lebendige Open-Source-Community. Die Open-Source-Lösungen ermöglichen einen schnellen Einstieg bei geringen Kosten. Sie genießen eine hohe Akzeptanz bei den Anwendern und werden auch von den Anbietern der Enterprise AI-Plattformen unterstützt. Einige bieten Schnittstellen an, andere haben ergänzend zur Enterprise AI-Plattform eine kostenfreie reine Open-Source-Lösung im Angebot (z. B. H2O.ai und KNMIM).

Zum KI-Open-Source-Ökosystem gehören verschiedenste Komponenten:

- Programmiersprachen (z.B. Python, R)
- Frameworks (z.B. Caffe, SparkML, TensorFlow)
- Bibliotheken mit Algorithmen (z.B. Apache Singa, DL4J, H2Oi)
- Datenmanagement-Plattformen (z.B. Apache Spark, Hadoop)
- Datenvisualisierung (z.B. D3, Plotly, visualizing.org)
- Notebooks (z.B. Jupyter, Zeppelin)

Dazu kommen frei zugängliche Daten, sogenannte Open Data. Diese können aus der Forschung stammen (z.B. Human Genome Project) oder von staatlichen Organisationen (z.B. das deutsche Datenportal GovData), internationalen Organisationen (z.B. EU Open Data Portal, World Bank Open Data, WHO Open Data Repository, UNICEF) und privatwirtschaftlichen Anbietern (z.B. Amazon, DataBricks, Facebook, Google, Microsoft).

Es gibt viele Möglichkeiten, ein eigenes unternehmensspezifische KI-Ökosystem zu implementieren. Doch auch wenn der Start einfach ist, sollte man immer im Vorfeld eine Strategie dafür definieren. Nicht nur um aus der Vielzahl der Plattformen und Komponenten die richtigen auszuwählen, sondern auch, um nicht unbeabsichtigt abhängig von bestimmten Plattformen und deren Anbietern zu werden.

Anwendungsbereiche im Unternehmen

Ob Datenanalyse, Prognose oder Diagnose, Entlastung der Mitarbeiter, Unterstützung in kreativen Prozessen – Künstliche Intelligenz bietet für Unternehmen ein enormes Potenzial, die Abläufe im Unternehmen zu vereinfachen, zu beschleunigen oder neue Geschäftsmodelle, Produkte oder Dienstleistungen zu entwickeln. In diesem Kapitel erfahren Sie, wie sich KI im Business nutzen lässt.

KI für die gesamte Wertschöpfungskette

KI-basierte Lösungen können innerhalb der gesamten Wertschöpfungskette eines Unternehmens zum Einsatz kommen. Die Einsatzgebiete lassen sich in drei Gruppen klassifizieren: Interaktion, Prognosen und Automation.

- **Interaktion:** Unter Interaktion sind alle KI-Lösungen zusammengefasst, die einen Dialog mit einem menschlichen Anwender in natürlicher Sprache ermöglichen. Ob in Textform oder in Sprache kommuniziert wird, ist nur eine Frage der Ausgestaltung. Zu den Lösungen zählen persönliche Sprachassistenz-Systeme und Chatbots (siehe hierzu noch näher Kapitel »KI in der Interaktion«). Von einfachen Auskunftsfunktionen über Self-Service-Funktionalitäten bis hin zur Beratung und zu Empfehlungen reicht das Spektrum der möglichen Anwendungen.

- **Prognose:** Hierzu zählen all KI-Lösungen, die Vorhersagen generieren und Muster erkennen. Wie bereits in Kapitel »Die Kernfunktionalitäten« beschrieben, ist das Anwendungsspektrum breit. Man kann damit beispielsweise die Kunden besser verstehen und ihr Verhalten antizipieren, vorhandene Risiken einschätzen und neue Risiken identifizieren, Betrug erkennen sowie Produktionsfehler oder -engpässe frühzeitig erkennen.

- **Automation:** Im Bereich Automation sind alle KI-Lösungen zusammengefasst, die helfen, heutige manuelle Prozesse weiter zu automatisieren. Dies können Prozesse im Backoffice wie die Verwaltung von Verträgen, das Management von Kundendaten, die Bearbeitung von Service-Anfragen oder Schadensmeldungen sein. Aber auch die Umsetzung regulatorischer Anforderungen kann durch KI unterstützt werden. Ein weiteres Einsatzfeld sind die unternehmensinternen Prozesse in IT, Verwaltung und Personalmanagement.

KI in der Interaktion

Durch den Einsatz von KI in der Interaktion können Kosten gesenkt und zugleich Service-Qualität und Effizienz gesteigert werden. Das englische Marktforschungsunternehmen Juniper schätzt, dass bereits 2023 jährliche Kosteneinsparungen in Höhe von 11 Milliarden US-Dollar durch den Einsatz von Chatbots im Handels-, Banken- und Gesundheitswesen erzielt werden können (Juniper, 2018). Durch die besseren Kostenstrukturen eröffnen sich zusätzlich neue Geschäftsmodelle und -segmente: Zukünftig können Dienstleistungen, die heute allein exklusiven Kundengruppen vorbehalten sind, auf das Breitengeschäft ausgeweitet werden. Das Marktforschungsinstitut Gartner prognostiziert, dass bis zum Jahr 2020 in 25 % aller Kundenservice-Aktivitäten Chatbot-Technologie enthalten sein wird (Robinson, 2018). Aber nicht nur im Dialog mit den privaten Endkunden überzeugen diese Lösungen. Bei den eigenen Mitarbeitern sowie bei Vertriebs- und anderen Geschäftspartnern gibt es ebenfalls breite Einsatzmöglichkeiten. Zielsetzung ist es dabei, die Effizienz zu steigern, Kosten zu senken und gleichzeitig die Service-Qualität zu erhöhen. Im öffentlichen Bereich können eigens dafür gebaute Chatbots die Kommunikation zwischen Behörden und Bürgern schneller und effizienter machen.

Chatbots

Das Wort Chatbot setzt sich zusammen aus Chat, was vom Verb chatten, also plaudern, kommt, und Bot, kurz für Roboter. Es handelt sich also um Roboter für die sprachliche Kommunikation. Anders als z. B. ein Industrieroboter, den man sehen und anfassen kann, sind Chatbots virtuell, d. h. Software-Lösungen, die als Cloudservice bereitgestellt werden. Zur Kommunikation mit Chatbots kann Texteingabe genauso wie Sprache genutzt werden, wobei die Zukunft wegen der Einfachheit der Nutzung in der sprachlichen Interaktion liegt. Manche Chatbots verfügen auch über Bilderkennungssoftware, z. B. der chinesische Chatbot Xiaoice, was die Kommunikation bereichert.

BEISPIEL: XIAOICE

Xiaoice hat 660 Millionen Freunde. Millionen von Chinesen nehmen jeden Tag ihr Smartphone zur Hand, um mit ihr zu chatten. Xiaoice ist ein Chatbot. Microsoft hat für ihr Training das chinesische Internet und die darin enthaltenen menschlichen Gespräche genutzt. Das Design-Prinzip: emotionale Intelligenz (EQ) plus reine rationale Intelligenz (IQ). Neben sprachlicher Kompetenz kann Xiaoice auch Bilder erkennen, und diese kommentieren. Sie tritt im Fernsehen und in Radio-Shows auf, veröffentlicht Gedichte, schreibt Lieder, verfügt über Sprachfähigkeiten wie Google Duplex, kann Finanzberichte schreiben und seit neuestem auch Mode designen. Anders als bei Microsoft Cortana, wo der Fokus auf Produktivität liegt, soll Xiaoice längere Dialoge mit ihren Nutzern führen und sowohl auf emotionale als auch intellektuelle Bedürfnisse reagieren (Spencer, 2018). Ähnliche Social Bots hat Microsoft mit Ruuh in Indien und Rinna in Japan im Einsatz.

Xiaoice wie auch andere Chatbots, z. B. Mitsuku, simulieren erfolgreich emotionale Intelligenz und Empathie. Es gibt mittlerweile auch Nachfolger von ELIZA (siehe Kapitel »Wie alles begann«), die in der Psychiatrie helfen. Ein bekanntes Beispiel ist Woebot. Wie in einer Studie gezeigt wurde, hat Woebot in nur zwei Wochen bei täglicher Nutzung einen positiven Effekt bei Depressionen (Fitzpatrick et al., 2017).

Das Smartphone, Online-Anwendungen, soziale Plattformen und Roboter sind mögliche Kommunikationsschnittstellen. Soziale Netzwerke und ihre Messenger-Dienste werden als Schnittstelle immer wichtiger: Allein auf der Facebook-Plattform wurden bis zum Mai 2018 mehr als 300.000 Chatbots erstellt, und zwar für Beratung, Auskünfte und jede andere Art von Service-Prozessen (Johnson, 2018). Ein weiterer Treiber sind Sprachassistenten oder »smarte« Lautsprecher, allen voran Amazon Alexa. Auch diese werden nicht nur privat genutzt, wie das folgende Beispiel zeigt.

BEISPIEL: JPMORGAN UND ALEXA

»JPMorgan Brings Amazon's Alexa to Wall Street Trading Floors«, titelte das Medienunternehmen Bloomberg am 26. März 2018. Die Bank J.P. Morgan stellt ihren institutionellen Anlegern seit 2018 Kapitalmarktinformationen und Analysen des geschäftlichen Umfelds auch sprachgesteuert über Amazon Alexa oder Google Home zur Verfügung.

Chatbots kann man in unterschiedlichen Bereichen einsetzen. Es gibt:

- Social Bots, die versuchen, einen langen und möglichst intensiven Austausch zu allgemeinen Themen mit dem Nutzer zu generieren (z.B. Xiaoice, Mitsuku),
- persönliche Sprachassistenten, die im privaten Bereich bei alltäglichen Problemen helfen (z.B. Alexa, Google Assistant),
- Chatbots, die bei spezifischen Problemstellungen unterstützen, z.B. bei medizinischen und rechtlichen Fragen (z.B. Woebot),
- Chatbots im öffentlichen Bereich, die Bürger bei der Interaktion mit Behörden helfen,
- Chatbots, die im Kundendialog, bei Fragen oder im Kundenservice die klassischen Callcenter und Kundenservice-Center entlasten,
- Chatbots, die Unterstützung im beruflichen Alltag bieten.

Die Chatbot-Technologie wird sich rasant weiterentwickeln. Der Funktionsumfang erweitert sich von einfachen Assistenzfunktionen zu komplexer Beratung. Schauen wir uns die Einsatzgebiete von Chatbots im Kundendialog und im beruflichen Alltag einmal genauer an.

Chatbots im Dialog mit privaten Kunden

Bei der Kommunikation mit Konsumenten, also im Bereich Business-to-Consumer (B2C), werden Chatbots eingesetzt, um Auskünfte zu erteilen, häufig gestellte Fragen zu beantworten oder zu beraten. Eine natürliche Fortführung des erfolgreichen Mobile Bankings ist der Einsatz von Chatbots im Bankenumfeld, wie die folgenden zwei Beispiele zeigen.

Erica: Chatbot für mehr als 6 Millionen Bankkunden

2018 hat die Bank Of America (BofA), eines der weltweit führenden Finanzinstitute, mit dem Rollout des Chatbots Erica für ihre rund 25 Millionen Mobile-Banking-Kunden begonnen. Bereits im März 2019 nutzten Erica mehr als 6 Millionen Kunden. Der Chatbot beantwortete bis zu diesem Datum mehr als 35 Millionen Kundenanfragen. Das sind beeindruckende Zahlen. Was steckt hinter der Erfolgsgeschichte?

Ob per Texteingabe oder per Sprache – Erica bietet ein breites Service-Spektrum:

- Auskunft zu Kontostand und vergangenen Zahlungen. Erica beantwortet z.B. Fragen wie diese: Wieviel Geld habe ich letzten Monat bei Amazon ausgegeben? Welche Zahlung davon war höher als 100 US-Dollar?

- Auskunft zur eigenen Kreditwürdigkeit und den Möglichkeiten, diese zu verbessern

- Analyse der persönlichen Zahlungsflüsse kombiniert mit Empfehlungen, wie gespart werden kann

- Proaktive Information zu anstehenden Zahlungen, bevor diese fällig werden

- Warnung, wenn sich regelmäßige Zahlungen plötzlich erhöhen

- Zahlung von Rechnungen, Empfangen und Senden von Geld mit dem Zahldienst Zelle

- Sperrung und Entsperrung von Kredit- und Geldkarten

- Terminvereinbarungen mit Bankberatern

Solche umfangreichen Services benötigen aber auch Investitionen und die notwendigen Ressourcen: Laut dem Online-Magazin tearsheet.co waren mehr als 100 Entwickler dazu notwendig, vor allem auch, um eine gute Integration in die bestehenden Banksysteme sicherzustellen.

Aida: Service für schwedische Bankkunden

Aber auch in Europa gibt es Pioniere beim Einsatz von Chatbots im Finanzwesen. Bereits 2016 kam ein Chatbot auf Basis der Software Amelia von IpSoft bei einer der größten schwedischen Banken, der SEB, zum Einsatz. Zunächst wurde Amelia unternehmensintern für die mehr als 14.000 Mitarbeiter genutzt, um viele der internen IT-Aufgaben zu automatisieren und ihnen häufige Fragen (Frequently Asked Questions, kurz: FAQ) zu beantworten. Nach dem erfolgreichen internen Rollout kommt seit 2017 die Folgeversion Aida mit erweitertem Leistungsumfang auch im Kundendialog zum Einsatz. Aida unterstützt Kunden bei verschiedensten Bankaktivitäten, z. B. bei der Suche der nächsten Bankfiliale, der Passwort-Wiederherstellung für Online-Konten und bei Problemen mit Kredit- und Geldkarten. Mittlerweile wird der Chatbot auch für die Befragung zur ID-Verifizierung eingesetzt.

Die neue digitale Mitarbeiterin der SEB liegt zu 90 % richtig und hat verschiedene Innovationspreise wie den Supernova Innovation Award 2017 gewonnen.

> Das Erfolgsrezept für die Entwicklung von Chatbots: klein und mit konkreten Anwendungsfällen beginnen.

Wenn man technologischer Vorreiter wie die SEB bei Aida ist, gibt es auch Herausforderungen: Während Englisch in der Regel gut von den Software-Anbietern unterstützt wird, war die Implementierung einer schwedischsprachlichen Kommunikationsschnittstelle zeitintensiv und aufwendig.

Potenzial bei Finanzdienstleistern in Deutschland

In Deutschland sind ebenfalls bereits erste Chatbot-Lösungen im Einsatz: bei Banken (z. B. Linda bei den Sparkassen, Herbie bei der DKB, Neon bei der N26) und im Versicherungsmarkt (z. B. Eva bei der Inter Versicherung). Doch das Potenzial ist hier noch lange nicht ausgeschöpft. Dass die Kunden für Lösungen dieser Art offen sind, zeigt eine Studie des Beratungsunternehmens elaboratum vom Februar 2019 (elaboratum, 2019): Mehr als 600 Kunden von Banken, Versicherungen und Fondsgesellschaften wurden befragt, die bereits ein Produkt online abgeschlossen haben. 75 % sahen den Einsatz von KI neutral bis positiv. Interessant ist, dass sich die positive Einstellung gegenüber KI deutlich verstärkt, wenn Erfahrungen damit gesammelt werden. Zwei von drei Befragten mit KI-Erfahrung haben eine (eher) positive Einstellung zu KI. Bei den Befragten ohne KI-Erfahrung ist dies nur jeder vierte. Dies bestätigt die Ergebnisse einer Bitcom-Umfrage aus dem Jahr 2017: Jeder vierte Deutsche kann sich vorstellen, Chatbots zu nutzen.

Chatbots sind in allen Branchen wichtig

Neben den Finanzdienstleistern waren der Handel und die Konsumgüterindustrie von Beginn an bei der Chatbot-Entwicklung dabei. Seit 2013 hilft Clara, der Chatbot des Versandhändlers Otto, Kunden bei Fragen rund um Bestellungen, Services oder zum Unternehmen.

Insbesondere die Messaging-Apps haben zu einer stärkeren Verbreitung und Nutzung der Chatbots beigetragen. Retail Brands nutzen diese Plattformen, um die Lücke zwischen Online- und Offline-Erlebnissen zu schließen. So bietet beispielsweise H&M auf der Messenger-Plattform Kik einen persönlichen Styling Assistenten an, mit dessen Unterstützung man Empfehlungen teilen oder auch andere Outfits bewerten kann. Sephora hält einen ähnlichen Service zum Thema Make-up bereit. Aber auch im direkten Verkaufsprozess haben Chatbots Vorteile. Laut einer Studie aus dem Jahr 2019, bei der mehr als 2.100 Konsumenten in Deutschland und der Schweiz befragt wurden, sind die Produktbestellung und Produktsuche aus Kundensicht die wichtigsten Anwendungsfälle für Chatbots (elaboratum, 2019). Und der Einsatz von Chatbots bringt Vorteile: Mit einer mehr als 50 % höheren Conversion Rate und 30 % mehr Promotoren war der Chatbot-Prototyp der bisher genutzten Webseite deutlich überlegen. Diese Zahlen sprechen dafür, im eCommerce Chatbot-Lösungen auch im Verkauf und nicht nur im Kundenservice einzusetzen.

Auch Telekommunikationsunternehmen, Logistikdienstleister, Airlines, Medienunternehmen sowie nahezu alle anderen Branchen machen sich mittlerweile Chatbot-Lösungen zunutze.

Chatbot-Lösungen, die bei der täglichen Arbeit helfen

Chatbots unterstützen auch bei der täglichen Arbeit, so beispielsweise indem sie uns per Sprachdialog notwendige Informationen, z.B. Richtlinien und Best Practices, schnell und unkompliziert zur Verfügung stellen und einfache Aufgaben selbst erledigen (mehr dazu im Kapitel »Automation«). Zudem dienen sie als persönliche Assistenten, die z.B. Meetings organisieren, Termine vereinbaren oder Anrufe entgegennehmen.

Unterstützung des Vertriebs

Chatbots und KI-Lösungen können auch den eigenen Vertrieb unterstützen. Wie das funktioniert, zeigt die große französische Genossenschaftsbank Credit Mutuel. Hier profitieren 20.000 Kundenberater in 5.000 Filialen von einer neuen IBM Watson Technologie. Die ca. 60 % Zeit, die sie bei der Erledigung ihrer Aufgaben damit einsparen, können sie jetzt in die Interaktion mit Kunden investieren. Ebenfalls hilfreich ist die automatisierte Analyse der ca. 350.000 E-Mails, die jeden Tag bei den Kundenberatern eintreffen. Sie unterstützt die Kundenberater dabei, dringende Anfragen schneller zu beantworten.

Unterstützung im Callcenter

Chatbots eignen sich auch für den Einsatz in Callcentern. Mit ihrer Hilfe werden Callcenter-Agenten während des Kundengesprächs mit relevantem Wissen und Best Practices unterstützt. Gute Erfahrungen hat beispielsweise der Versicherungskonzern Allstate damit gemacht. Dessen 350 Callcenter-Mitarbeiter wenden sich an ihre digitale Kollegin Amelia, um Fragen schneller und besser beantworten zu können. Im ersten halben Jahr hat Amelia auf diese Weise 3 Millionen Calls unterstützt. Nach Aussagen von Allstate hat sich die durchschnittliche Call-Dauer dadurch um ca. 10 % verkürzt und die fallabschließende Behandlung im ersten Call von 67 % auf 75 % gesteigert (Castellanos, 2018). Amelia kennt 40 Versicherungsanliegen. Sie hilft neuen Kollegen, sich schneller und einfacher einzuarbeiten. Amelia ist ein gutes Beispiel, wie sich Technologie und menschliche Kompetenz miteinander kombinieren lassen.

Unterstützung für Knowledge-Worker

Immer dann, wenn erfahrene Mitarbeiter das Unternehmen verlassen, geht viel Wissen verloren. Woodside Energy, das größte unabhängige Öl- und Gas-Unternehmen in Australien, hat zusammen mit IBM Watson eine Lösung für dieses Problem entwickelt. Ein virtueller Assistent namens Willow stellt den Technikern und Ingenieuren das gesammelte Wissen des Unternehmens inklusive der Best Practices überall, z. B. bei ihrem Einsatz auf Öl- und Gas-Plattformen, zur Verfügung. Willow wurde mit 30 Jahren Expertenwissen und ca. 600.000 A4-Seiten an Dokumentationen gefüttert. Mit Erfolg, denn dank des Chatbots hat sich die Zeit für die Analyse eines Problems um 80 % reduziert (www.woodside.com.au/innovation/data-science). Willow spart jedoch nicht nur Zeit und damit Kosten, sondern er erhöht auch die Sicherheit, indem er im Bedarfsfall Expertenwissen rasch und direkt bereitstellt.

Unterstützung für Mitarbeiter

Um Erfahrung mit Chatbots aufzubauen, setzen viele Unternehmen sie zunächst für interne Prozesse ein, um einerseits die Kosten zu senken und andererseits die Mitarbeiter jederzeit schnell mit Informationen zu versorgen (siehe hierzu das Aida-Beispiel weiter oben).Chatbots eignen sich auch für Personalprozesse, so beispielsweise, um die häufig angebotenen Self-Service-Funktionen besser zu unterstützen. Ein gutes Beispiel ist CARL der Chatbot von Siemens. Auch im Recruiting kommen sie zum Einsatz. Hier werden die Chatbots auch häufig Job Bots genannt. HubRaum, der Technologie-Inkubator der Deutschen Telekom, nutzt Hub.Bot, um Fragen von Bewerbern zu beantworten. Allie ist der Job Bot der Allianz, den man über Facebook Messenger erreicht. Seit Sommer 2018 ist MeetFrank, die Recruiting-App eines estnischen Start-ups, auch im deutschen Markt einsetzbar. MeetFrank soll den Bewerbungsprozess vereinfachen und mittels Anonymisierung der Daten vor Diskriminierung schützen. Der potenzielle Arbeitgeber erfährt weder Alter, noch Geschlecht oder Herkunft des Bewerbers. Nach wenigen Minuten sind die wichtigsten Eingaben gemacht und die App sucht passende Angebote. Mehr als 800 Firmen nutzen nach eigenen Angaben die App bereits.

Was Sie bei der Einführung von Chatbot-Lösungen beachten sollten

Trotz eindrucksvoller Beispiele wie Xiaoice oder Erica steht die Entwicklung von Chatbots erst am Anfang. Dementsprechend sind mit dem Einsatz dieser heute noch neuen Technologie auch viele Herausforderungen verbunden. Nach der ersten Euphorie wurde so manches Pilotprojekt eingestellt, weil das Ergebnis letztlich doch nicht überzeugend war.

Akzeptanz bei den Anwendern schaffen

Die größte Herausforderung ist es, Akzeptanz bei den Anwendern zu schaffen. Aus Nutzersicht sind dafür Einfachheit, hohe Erreichbarkeit und Qualität der Chatbot-Services entscheidend. In der Praxis haben sich folgende zehn Qualitätskriterien zur Steigerung der Akzeptanz bewährt:

1. **Kommunikation in natürlicher Sprache:** Nutzer erwarten, dass ihr Anliegen unabhängig von der Formulierung erkannt wird. Dies erfordert eine starke NLP-Komponente (siehe hierzu Kapitel »Kernfunktionalitäten«). Kontraproduktiv wäre es, wenn sich die Anwender wie bei einer Suchmaschine die richtigen Schlagwörter selbst überlegen müssten, um eine passende Antwort zu bekommen. Wichtig ist zusätzlich die Abbildung von Mundarten, insbesondere bei den Spracheingaben. Beispiele wie die App der Schweizer Bahn SBB zeigen, dass dies möglich ist.

2. **Verständnis des Kontextes und Berücksichtigung des vorangegangen Dialogablaufs:** Dadurch erspart sich der Nut-

zer Doppeleingaben. Aber nicht nur die Erkennung des Anliegens verbessert sich und Probleme können besser identifiziert werden. Wenn etwas schiefgeht, werden Anfragen wiederholt – ein Indiz, für den Bot nachzufragen und aktiv eine Weiterleitung zum Callcenter anzubieten.

3. **Integration mit anderen Kommunikationskanälen (z. B. Callcenter), um bei Bedarf an einen Menschen weiterleiten zu können:** Viele Studien zeigen, dass die meisten von uns heute noch nicht auf die Möglichkeit, mit anderen Menschen zu sprechen, verzichten möchten. Chatbots sollten also in der Lage sein, die Kommunikation jederzeit an einen Menschen, z. B. einen Callcenter Agenten, zu übergeben. Damit der Anwender nicht noch einmal alles wiederholen muss, sollte der bisherige Dialog – die Zustimmung des Nutzers vorausgesetzt – dem Callcenter Agenten sofort zur Verfügung stehen. Am besten gleich mit Hinweisen, was das Problem bzw. die Fragestellung ist.

4. **Modellierung einer zum Unternehmen passenden Persönlichkeit für den Chatbot:** Durch das Design und vor allem auch durch die Sprache (siehe Kapitel »Die Kernfunktionalitäten«) nehmen die Anwender eine »Persönlichkeit« des Chatbots wahr. Wichtig ist es, diese auf das Unternehmen, die Zielgruppe und den Einsatzbereich abzustimmen. Im Kundenservice könnte ein Chatbot so designt sein, dass er wichtige Erfolgsfaktoren des besten menschlichen Callcenter-Mitarbeiters übernimmt. Für verschiedene Zielgruppen und Einsatzbereiche können daher auch verschiedene Chatbots zum Einsatz kommen.

5. **Transparenz in Bezug auf den Einsatz von KI:** Vielen Kunden ist gar nicht klar, ob KI in den digitalen Anwendungen zum Einsatz kommt. Hier sollte von Anfang an Transparenz geschaffen werden – nicht wie bei Google Duplex, wo erst nach Protesten sichergestellt wurde, dass die Lösung sich entsprechend vorstellt (siehe Kapitel »Innovationen der letzten Jahre«).

6. **Transparenz in Bezug auf Datenschutz:** Viele Menschen machen sich Sorgen, ob ihre Daten beim Einsatz von Chatbots sicher und geschützt sind. Hier empfiehlt sich eine offene Kommunikation.

7. **Integration mit vorhandenen Systemen:** Die unternehmenseigenen Front- und Backoffice-Systeme sollten integriert werden. So müssen zum einen nach der Identifizierung nicht unnötig Daten abgefragt werden, zum anderen erhöht sich dadurch auch der Service-Umfang und damit der Mehrwert für den Kunden (siehe hierzu auch das Kapitel »Erica« weiter oben).

8. **Qualität der Antworten:** Nutzer erwarten kompetente Antworten. Sie sollten verständlich sein und der modellierten Persönlichkeit des Bots entsprechen. Es genügt nicht, einfach nur die Antworten auf den üblichen FAQ-Seiten zu übernehmen. Zudem sollten nicht nur die häufigsten Fragen (Short-Tail-Questions) abgedeckt sein, sondern auch spezifische Fragen (Long-Tail-Questions). Dies ist heute bereits durch den Einsatz der entsprechenden Technologie möglich.

9. **Lernen:** Wichtig ist es, dem Anwender Möglichkeiten für qualifiziertes Feedback zu geben (z. B. »Was für eine Antwort hätten Sie erwartet?«). Dies liefert den Input für die kontinuierliche Verbesserung und Weiterentwicklung des Chatboots.

10. **Agile Implementierung und Weiterentwicklung:** Die Endanwender sollten so früh wie möglich beim Design und der Entwicklung im Rahmen eines agilen Vorgehens eingebunden sein. Nur so lässt sich auf die Bedürfnisse eingehen und Relevanz für den Anwender erzeugen. Nach einem schnellen Start sollten regelmäßige Erweiterungen des Leistungsumfangs für mehr Einsatzmöglichkeiten und somit zu mehr Nutzung führen.

Die richtige Technologie wählen

Eine weitere Herausforderung ist die Auswahl der passenden Technologie. Das ist oft nicht leicht, denn der Markt entwickelt sich schnell und ist stark fragmentiert mit vielen Anbietern. Neben den Plattformlösungen von IBM, Google, Microsoft und Nuance, den sogenannten Conversational Platforms, gibt es zahlreiche Spezialanbieter (beispielsweise Artificial Solutions, Inbenta, IpSoft, Kore.AI und Rasa) sowie viele neue Start-ups. Auch Eigenentwicklungen sind im Einsatz. Die Lösungen enthalten in der Regel eine Komponente für die Dialogführung, die NLP nutzt, sowie Middleware-Komponenten zur Orchestrierung und Entwicklung der Lösungen. Bei der Auswahl der Lösung sollte man sich von folgenden wichtigen Kriterien leiten lassen.

Auswahlkriterien

- Unterstützung der deutschen und anderer benötigter Sprachen und Dialekte
- Umfang der Funktionalitäten (z. B. Erkennung und Klassifizierung des Anliegens, Erkennung von Emotionen, Spracherkennung und -generierung)
- Verfügbarkeit und Einfachheit der Entwicklungsumgebungen
- Einsetzbarkeit für verschiedene Kanäle (z. B. Web-Seite, Messenger Services, Apps)
- Integrationsfähigkeit mit Backoffice-Anwendungen
- Bereitgestellte Tools für Monitoring und Auswertungen
- Standorte der Data Center, Datensicherheit und lokaler Support
- Produkt-Roadmap und Zukunftsperspektiven von Hersteller und Technologie
- IP-Rechte, Transferierbarkeit der Lösung sowie Skalierbarkeit für mehr Nutzer und breitere Einsatzgebiete (siehe auch Kapitel »Infrastruktur und Bereitstellung«)

Das wichtigste bei der Auswahl der richtigen Technologie ist es, konkrete Anwendungsfälle schnell zu implementieren und verschiedene Technologien in der Pilotphase praktisch auszuprobieren (mehr dazu im Kapitel »Best Practice: Einführung von KI im Unternehmen«).

KI in der Prognose

KI erweitert den Werkzeugkasten der analytischen Methoden, mit denen Daten ausgewertet werden können. Mithilfe des Machine Learning können aus vorhandenen Daten Muster abstrahiert und Prognosen erstellt werden. Die Anwendungsbereiche sind breit: Sie reichen von genaueren Verhaltensprognosen über die frühzeitige Erkennung von Risiken bis hin zur Entdeckung neuer Sachverhalte. Die Methoden sind für alle Branchen relevant. Heutzutage werden klassische Methoden (wie Regressions- und Klassifikationsverfahren) mit tiefen neuronalen Netzen kombiniert, um die Vorhersagen präziser zu machen und neue Zusammenhänge aufzudecken. Die folgenden Beispiele aus der Unternehmenspraxis zeigen, wie sich KI in der Prognose einsetzen lässt. Lassen Sie sich davon inspirieren. Vielleicht erkennen Sie damit Anwendungsfälle im eigenen Unternehmen.

KI im Marketing: Personalisierung

Die Bestimmung von Kundenprofilen ist kein neues Thema. Spätestens mit dem One-to-One Marketing gab es seit den 1990er-Jahren vielfältige Anstrengungen, das Kundenverhalten und die Kundenprofitabilität individualisiert vorherzusagen. Mithilfe von KI können jetzt noch mehr Merkmale berücksichtigt und genauere Prognosen erstellt werden.

BEISPIEL: COMMONWEALTH BANK OF AUSTRALIA (CBA)

Die CBA, eine führende Bank in Australien, hat 2018 den Preis »Model Bank Winner for Customer Engagement« gewonnen, der jährlich von dem Marktforschungs- und Beratungsunternehmen Celent ausgeschrieben wird. Die prämierte Lösung, genannt »Customer Engagement Engine«, analysiert in jeder Kundeninteraktion – das waren im Jahr 2018 an jedem Werktag immerhin mehr als 21 Millionen – in weniger als 300 Millisekunden die vergangene und aktuelle Kundensituation und liefert auf dieser Basis individuelle Vorschläge für den Kundendialog (CBA, 2018). Sie kommt über alle Vertriebs- und Kommunikationskanäle hinweg zum Einsatz – sei es im Online-Geschäft, im Kundenservice-Center oder in der Filiale – und analysiert ca. 200 Milliarden Datenpunkte. Seit dem Rollout dieser Lösung haben sich nicht nur die Kundenzufriedenheit, sondern signifikant auch die qualifizierten Kundenkontakte (»Leads«) und die Konversionsrate erhöht. Im Bereich Baufinanzierung hat sich nach eigenen Angaben die Anzahl der Leads verzehnfacht, und bei den Hinweisen wurde eine Genauigkeit von 95 % erreicht (vgl. www.youtube.com/watch?v=SgPg124LvgY). Zielsetzung der Engine ist es, das »finanzielle Wohlbehagen« der Kunden zu verbessern. Laut Dan Jermyn, dem Leiter Data Science, hat der Einsatz der Customer Engagement Engine die Kundenbindung um 400 % verbessert: »One of the most exciting things about AI for us is that what it's actually allowing us to do is to produce better outcomes for our customers«, fasst Dan Jermyn seine Erfahrung mit KI zusammen (ZDNet, 2019).

Personalisierung ist nicht nur für die Finanzbranche wichtig. Sie ist ein zentrales Thema für alle Branchen mit direktem Endkundenkontakt. Auch in der Gastronomie hat das Rennen um ein möglichst persönliches Kundenerlebnis begonnen: McDonald's plant den Einsatz von KI auf seinen digitalen Plattformen, um die Speisekarte dynamisch anzupassen. Dabei sollen Wetterbedingungen, die Tageszeit und aktuelle Wartezeiten genauso berücksichtigt werden wie frühere Bestellungen eines Kunden. Gestartet wird damit in den Vereinigten Staaten in den Drive-Through-Restaurants und in den Restaurants bei Bestellung mit der Mobile App.

Für viel Aufmerksamkeit hat eine Veröffentlichung von Michael Kosinski gesorgt (Kosinski et al., 2013): Aus Daten wie Facebook-Likes können wichtige persönliche Informationen zum Nutzer abgeleitet werden:

- Homosexualität/Heterosexualität (88 % Genauigkeit)

- Afro-/europäischstämmige Amerikaner (95 % Genauigkeit)

- Demokraten/Republikaner (85 % Genauigkeit)
- Offenheit (Genauigkeit ähnlich wie Persönlichkeitstests)

Das wichtigste praktische Einsatzgebiet für solche personalisierten Analysen ist natürlich das Marketing. In einer Folgestudie wurde 2017 gezeigt, dass 40 % mehr Klicks und 50 % mehr Abschlüsse mit einem auf die Persönlichkeit zugeschnittenen Marketing erreichbar sind (Matz, 2013).

Wie im Beispiel Personality Insight (siehe Kapitel »Die Kernfunktionalitäten«) gezeigt, können aus Texten – auch aus kurzen Tweets – ebenfalls Persönlichkeitsprofile ermittelt werden. Das Neue an all diesen Funktionalitäten: Anders als beim klassischem Persönlichkeitstest muss der Anwender nicht befragt werden. Er erfährt so möglicherweise nie, dass seine Persönlichkeit analysiert wurde und die Ergebnisse genutzt werden.

Die Unternehmensberatung McKinsey schätzt das Volumen für den Einsatz von Machine Learning im Bereich Marketing und Vertrieb auf 3,3 bis 6 Billionen US-Dollar und davon allein durch Deep Learning Algorithmen auf 1,4 bis 2,6 Billionen US-Dollar (McKinsey, 2018).

Neben der Erstellung von Kundenprofilen, der Segmentierung und Kundengewinnung sind die Produktpositionierung und -empfehlung, das Nachfragemanagement und die Disposition sowie die Preisgestaltung wichtige Einsatzbereiche, in denen KI Prognosen genauer macht und so Nutzen stiftet. Eine gute

Übersicht dazu ist im Buch »Introduction to Algorithmic Marketing« von Ilya Katsow enthalten.

Vorhersage und Bewertung von Risiken

Die Vorhersage und die Bewertung von Risiken spielen in vielen Bereichen unseres Wirtschafts- und Privatlebens eine Rolle, so beispielsweise in der Medizin oder in der Finanzwirtschaft.

Medizin: Prognose von Krankheitsverläufen und Lebenserwartung

Bei der Prognose von Lebenserwartung und Krankheitsverläufen kann KI klassische Prognosemodelle verbessern (siehe hierzu bereits Kapitel »Die Kernfunktionalitäten«). Aber auch generelle Risikoeinschätzungen lassen sich damit genauer treffen.

2019 wurde im Wissenschaftsmagazin »Plos One« eine Studie der University of Nottingham veröffentlicht (Weng, 2019). Untersucht wurde die Vorhersagequalität für das Risiko eines frühen Todes aufgrund chronischer Krankheiten. Zugrunde gelegt wurden die Gesundheitsdaten von über einer halben Million Menschen im Alter zwischen 40 und 69 Jahren, die in der britischen Biobank vorliegen. Das Team aus Data Scientists und Ärzten fand heraus, dass der von ihnen entwickelte maschinelle Lernalgorithmus sehr genau in seinen Vorhersagen war und besser abschnitt als der aktuelle Standardansatz für die Vorhersage, der von menschlichen Experten konzipiert wurde. Ein anderes innovatives Beispiel ist die Prognose der Lebenserwartung auf Basis von Fotos. Das Unternehmen Lapetus bietet mit dem von ihm entwickelten KI-Tool Chronos Möglichkeiten, die Lebenserwartung auf Basis eines Selfies zu bestimmen. Damit wird es möglich, Lebensversicherungen direkt online, ohne weitere Prüfungen, in wenigen Minuten abzuschließen. Aus der Analyse des Gesichts werden Body-Mass-Index (BMI), Alter und Geschlecht ermittelt sowie Hinweise, die auf einen Raucher schließen lassen. In Kombination mit Bio-Demografie ergeben sich so laut Lapetus genauere Prognosen der Lebenserwartung als mit traditionellen Ansätzen (Lapetus, 2017). Die Selfiequoten-Lösung wird seit 2017 vom Versicherungskonzern Legal & General America zum Abschluss von Lebensversicherungen eingesetzt (Marketwatch, 2017). Seit 2018 ist die Rückversicherungsgesellschaft Gen Re Asia dazugekommen. Im Jahr 2019 wurde die Lapetus-Lösung vom US-Bundesstaat Florida zur Bestimmung der Lebenserwartung offiziell zugelassen (Lapetus, 2019).

Finanzdienstleister: Identifikation von Risiken und Betrugsfällen

KI-Algorithmen ermöglichen eine höhere Automatisierung aller Arten von Überprüfungsprozessen. Sie können auch genutzt werden, um unbekannte Muster zu identifizieren, und so neue Risiken und Betrugsfälle aufdecken. HSBC und andere führende Banken setzen KI ein, um Fälle von Geldwäsche, Finanzbetrug und Terrorismusfinanzierung zu ermitteln (Arnold, 2018). In der Versicherungswirtschaft wird KI ebenfalls genutzt, um Betrugsfälle aufzudecken. Mit der fortschreitenden Automatisierung der Schadensprozesse wird es noch wichtiger, Betrügereien zu identifizieren, ohne dabei ehrliche Kunden zu verärgern. Circa 10 % aller Schadenmeldungen enthalten Ungereimtheiten. Versicherer versuchen diese mit KI aufzuspüren. Auch Bildforensik, die Manipulationen an vermeintlichen Beweisfotos identifiziert, wird dazu genutzt.Ebenso unterstützt KI bei der Identifikation neuer Risiken, im Fachjargon: Emerging Risks. Beispielsweise kooperiert die Allianz mit dem InsurTech Praedicat, um durch die Analyse wissenschaftlicher Literatur neu aufkommende Haftungsrisiken (z. B. das Zusammenwirken von Chemikalien in Körperpflegeprodukten) zu identifizieren (Allianz, 2018).

Auch bei Kreditkarten spielt KI eine wichtige Rolle. Wenn die Zahlung per Kreditkarte abgelehnt wird, ist das nicht nur für den Konsumenten unangenehm. Es wird geschätzt, dass dies die Wirtschaft rund 118 Milliarden US-Dollar kostet, da viele von uns in einer solchen Situation den Kauf ganz abbrechen. Oft beruht die Ablehnung der Karte nur auf einem Fehler des Überprüfungsalgorithmus. Durch KI wird dem entgegengewirkt. Mastercard gibt an, dass durch den Einsatz von KI nicht nur die Betrugserkennung verbessert, sondern auch die Anzahl der falschen Alarme um 50 % gesenkt werden konnte (Marr, 2018).

Industrie: Predictive Maintenance

Predictive Maintenance (PdM), ein Mix aus IoT und Machine Learning, eröffnet neue Möglichkeiten für die Industrie 4.0: verbesserte Ressourcennutzung, geringere Betriebskosten und eine höhere Kundenzufriedenheit. PdM unterstützt sowohl bei der Instandsetzung, d.h. dem Austausch defekter Bauteile, als auch bei der vorbeugenden Wartung.

Der finnische Aufzughersteller Kone – laut Forbes eines der 100 innovativsten Unternehmen weltweit – bietet intelligente Services für Aufzüge und Rolltreppen an, um Sicherheit und Service zu verbessern. Die in Aufzüge und Rolltreppen eingebauten Sensoren melden fortlaufend Betriebsparameter, Nutzungsstatistiken und Störungen. Nach deren Analyse werden Diagnosen sowie Handlungsempfehlungen an die Servicetechniker weitergegeben. Dies gilt nicht nur für aktuelle Probleme. Auch bei absehbaren Störungen werden frühzeitig Empfehlungen zur präventiven Fehlerbehebung generiert. Der Servicetechniker kann dann gleich mit dem passenden Ersatzteil kommen. Zusätzliche Fahrten zur Fehleranalyse entfallen. Die Gebäudebetreiber werden zum Anlagenstatus über Push-Nachrichten oder via Online-Portal und in Echtzeit informiert. Dies verbessert die Planbarkeit von Terminen und Budget. Begonnen wurde mit dem Vorhaben Anfang 2017. Bis 2018 meldeten ca. 400 Aufzüge und 50 Rolltreppen in Echtzeit ihre Daten für die weitere Auswertung. Die Menge der verfügbaren Daten wird in Zukunft deutlich steigen, da neue Aufzüge nun von vornherein mit der Technik »24/7 Connect« ausgerüstet werden. Die Folge davon: Algorithmen werden weiter trainiert und Prognosen werden immer besser. Das Potenzial ist groß: Kone wartet weltweit mehr als 1,2 Millionen Aufzüge und Rolltreppen und schätzt, dass mehr als eine Milliarde Menschen diese täglich nutzen.

Kombiniert man die Personenflussdaten mit der Gebäudetechnik, könnten beispielsweise die Heizungssteuerung optimiert, Reinigungskräfte je nach Nutzung der Etagen eingesetzt oder im Einzelhandel die Kassenbesetzungen angepasst werden.

Die Anwendungsbereiche von Predictive Maintenance sind breit gestreut. Hohe Relevanz hat sie vor allem in solchen Bereichen, in denen ein Ausfall mit hohen Kosten und Risiken verbunden ist. PdM-Lösungen sind deshalb auch bei Airlines und jeder Art von Transportunternehmen, bei Energieversorgungsunternehmen (z. B. Windturbinen) und bei militärischem Gerät im Einsatz.

Neue Strukturen finden

KI kann auch dabei helfen, neue und kreative Lösungen und Strukturen zu finden. Es gibt mittlerweile zahlreiche Beispiele in vielen Branchen. KI-Anwendungen können neue Rezepte konzipieren, Musik komponieren, Bilder malen, Movie-Trailer, Fashion und Duftkombinationen kreieren.Die folgenden Beispiele zeigen die Breite der Einsatzmöglichkeiten und stehen stellvertretend für die weitere technologische Entwicklung in den nächsten Jahren.

Neue Düfte kreieren

Duft ist ein wesentlicher Faktor für Kaufentscheidungen, und zwar nicht nur bei Parfüm, sondern auch bei anderen Alltagsgegenständen wie Waschmittel, Deodorant oder Shampoo. Der

Innovationsdruck ist groß: Für die vielfältigen Märkte mit ihren regionalen und produktspezifischen Besonderheiten müssen jede Saison neue Kreationen entwickelt werden. Düfte zu kreieren wurde immer als Kunst betrachtet, die zudem äußerste Genauigkeit erfordert. Ist die Dosierung nur etwas falsch, dann kann sich ein wohlriechender Duft schnell in einen unangenehmen Geruch wandeln.

Symrise, ein deutsches Unternehmen aus Holzminden, ist einer der weltweit führenden Anbieter im Markt für Düfte und Aromen. Gemeinsam mit IBM Research hat Symrise das KI-System »Philyra« entwickelt, um Parfümeure in ihrer schwierigen Arbeit zu unterstützen. IBM konnte hierbei auf Forschungen aus vergangenen Jahren zu Geschmackskombinationen und Rezepten zurückgreifen. Symrise brachte seinen umfangreichen Wissens- und Erfahrungsschatz sowie eine breite Datengrundlage ein. Die unzähligen Daten aus dem Kontext Düfte – tausende Duftstoffformeln, Informationen zu Duftfamilien (z. B. blumig, fruchtig, holzig) und Rohstoffen sowie historische Daten (z. B. zum Erfolg eines Duftes) – werden genutzt, um mittels spezieller ML-Techniken zielgruppenspezifische Düfte zu kreieren. Zusätzlich schlägt das KI-System alternative Komponenten ebenso wie die korrekte Dosierung vor. Und darüber hinaus trifft es Prognosen zu der vermuteten menschlichen Reaktion und dem Neuigkeitswert.

Die Vorschläge werden dann vom Chefparfümeur beurteilt und weiter optimiert. Das KI-System hilft ihm so, den Kreativprozess zu beschleunigen und sich auf die abschließende Veredelung zu fokussieren. Auch wenn dies heute noch ein Forschungsprojekt ist, gibt es für die Pilotierung mit dem brasilianischen Kosmetikhersteller O Boticário einen Kunden, der auf Basis dieser Lösung Mitte 2019 zwei neue Produkte auf den Markt bringen möchte, so beispielsweise einen neuen Duft für brasilianische Männer der Millennial-Generation.

Entwicklung neuer Medikamente

Proteine sind an allen lebenswichtigen Prozessen beteiligt. Ihr Bauplan ist in der DNA festgeschrieben. Ihre Wirkung hängt davon ab, wie sie gefaltet sind, d.h. welche dreidimensionale Form sie haben. Diese Form vorherzusagen ist wegen der mit der Länge des Proteins exponentiell anwachsenden Zahl der denkbaren Möglichkeiten eine große Herausforderung. Ein Protein, das z.B. aus 100 Aminosäuren besteht, hat in der Theorie 10^{300} Möglichkeiten, sich zu falten. Mit der KI-basierten Lösung Google AlphaFold lassen sich diese dreidimensionalen Strukturen viel besser voraussagen als mit bisherigen Programmen (Evans et al., 2018). Im 13. CASP-Wettbewerb (CASP steht für Critical Assessment of Structure Prediction) konnte AlphaFold 25 aus 43 Proteinfaltungen korrekt vorhersagen. Das zweitplatzierte Programm lag mit nur drei Treffern deutlich dahinter (Sample, 2018). Eine große Verbesserung, von deren weiteren Versionen sich die Forscher deutliche Fortschritte bei der Entwicklung neuer Medikamente versprechen.

Zymergen: Molekularfertigungstechnologie

Heutige Materialien von der Zahnpasta über unsere Kleidung bis hin zu Düngemitteln werden zumeist auf Erdölbasis hergestellt. Die synthetische Biologie kann helfen, neue Materialien zu entwickeln. Bisher fehlte es jedoch an Verfahren, biologische Systeme zu verstehen und sie zuverlässig zu programmieren. Eines der Unternehmen, die sich dieser Herausforderung angenommen haben, ist Zymergen. Es stellt Moleküle für eine Vielzahl von Anwendungen und Industrien her, u. a. für die Landwirtschaft, die chemische und die Pharmaindustrie. Der Schlüssel zum Erfolg: Automation, Biotechnik und Machine Learning werden miteinander kombiniert, um die Leistungsfähigkeit von Materialien zu verbessern und neue molekulare Produkte zu entdecken. Die Algorithmen und robotergestützten genomischen »Fabriken« durchsuchen das mikrobielle Erbgut und führen Zehntausende von Experimenten durch, um Verbesserungssignale zu erkennen – weit jenseits der menschlichen Intuition.

Automation

Die Vorteile der digitalen und automatisierten Abbildung von Geschäftsprozessen liegen auf der Hand:

- Konsistenz, Genauigkeit und Compliance: Prozesse werden immer in der gleichen Weise ausgeführt.

- Schnellere Reaktionszeiten und permanente Verfügbarkeit: Maschinen brauchen keine Ruhezeiten.

- Skalierbarkeit: Bei Bedarf kann einfach mehr Computerleistung genutzt werden.

- Kosteneinsparungen: Software-Programme ersetzen die teurere menschliche Arbeit.

Seit der Einführung von Computern vor mehr als 80 Jahren wurden Geschäftsprozesse ganz oder teilweise digital abgebildet und automatisiert. Ein wichtiger Trend der letzten Jahre sind regelbasierte Ansätze, die Werkzeuge der sogenannten Robotic Process Automation (RPA) nutzen. Diese »Software-Roboter« übernehmen sich wiederholende, einfache menschliche Aktivitäten, die sie imitieren. Nur in Ausnahmefällen, so beispielsweise bei Fehlern, greift der Mensch ein.Diese Automatisierungswerkzeuge stoßen bei komplexen Prozessen und Sachverhalten an ihre Grenzen. Hier ist es oft gar nicht möglich, ein Regelsystem aufzustellen, das die notwendige Fachlichkeit abbildet. So beispielsweise, wenn als Grundlage für Folgeaktivitäten keine strukturierten, sondern unstrukturierte Daten wie Dokumente und Bilder benötigt werden. Bei komplexen Versicherungsprodukten im Industrie- oder Gewerbekundenbereich, Steuererklärungen, medizinischen Gutachten oder juristischen Dokumenten – um nur einige Beispiele zu nennen – gilt es, hunderte Seiten von Text und oft auch handschriftliche Dokumente zu analysieren und zu verstehen. Hier helfen KI-Lösungen, die auch unstrukturierte Daten interpretieren können. In der Regel geht es dabei nicht darum, Menschen zu ersetzen. Ziel ist es, die mühsame und langweilige Arbeit von Maschinen übernehmen zu lassen, sodass sich die Menschen auf die Feinarbeiten und den kreativen Teil fokussieren können.

Folgendes Vorgehen hat sich dabei bewährt:

1. **Aufbau einer Wissensbasis:** Dazu können interne wie externe Dokumente genutzt werden, wie beispielsweise Handbücher, Richtlinien, gesetzliche Vorgaben oder andere Wissensquellen. Diese werden durch das Training von Expertenwissen angereichert und verbessert.

2. **Abgleich mit dem zu bearbeitenden Fall:** Je nach Einsatzbereich kann dieser Abgleich sehr unterschiedlich ausfallen. Jede Form von Anträgen, Verträgen, Service- oder Schadensmeldungen, Betrugshinweisen, Beschwerden, Bewerbungen, Patientenakten, Kundenprofilen etc. kann verglichen werden.

3. **Ableiten der möglichen Handlungsoptionen:** Basierend auf dem aufgebauten Wissenskorpus werden die besten Handlungsoptionen abgeleitet und gerankt. Das genutzte Wissen wird dokumentiert. Ein automatisierter Abgleich mit internen Vorgaben und Normen stellt Compliance sicher.

4. **Review durch einen Fachexperten:** Dem menschlichen Experten werden die Handlungsoptionen, ihre Grundlagen sowie das notwendige Hintergrundwissen zur Verfügung gestellt. Zusätzlich können Best Practices, ähnlich gelagerte Fälle, Richtlinien und gesetzliche Vorgaben angezeigt werden, um die Bearbeitung und Entscheidungsfindung zu erleichtern. Nutzt man die im Kapitel »KI in der Aktion« beschriebenen Möglichkeiten der Interaktion, können die Mit-

arbeiter durch natürlich-sprachliche Interfaces (Chatbots) unterstützt werden. Dies hilft bei Nachfragen oder zusätzlichen Recherchen.

Das beschriebene Vorgehen zeigt, dass die besten Ergebnisse erzielt werden, wenn alle drei Einsatzgebiete von KI – Interaktion, Prognose und Automation – zusammenspielen. Das Gleiche gilt für RPA und KI. RPA und KI haben sehr unterschiedliche Ansätze und Einsatzbereiche. Sie ergänzen sich jedoch und können so den Automatisierungsgrad steigern. Wo Regeln genutzt werden können, hilft RPA. KI bringt zusätzliche Fähigkeiten ein:

- Auswertung unstrukturierter Daten
- Aufbau einer Wissensbasis und Erstellung von Prognosen

Interaktion, und zwar so, wie wir Menschen dies möchten und gewöhnt sind Anhand der folgenden zwei Beispiele wird dies deutlich.

Versicherungen: schnelle Reaktion im Leistungs- oder Schadensfall

Die Schadenregulierung und Leistungserbringung ist ein Bereich, in dem KI und die damit einhergehende Automation in den nächsten Jahren signifikante Effizienzpotenziale heben werden und so zu neuen Mitarbeiter- und Kostenstrukturen führen (siehe hierzu bereits Kapitel »KI in der Interaktion«). In ihrer Studie »Versicherungen 2030« prognostiziert die Unternehmensberatung McKinsey eine Reduktion der Mitarbeiteranzahl im Schadenbereich um 70 bis 90 % (Balasubramanian et al., 2018). Aber nicht nur Prozesse in der Schadensbearbeitung, sondern alle Backoffice-Prozesse, in denen heute noch manuelle Teilschritte notwendig sind, bergen Potenzial für die weitere Prozessautomatisierung durch KI-Lösungen. Dazu zählen das Underwriting im Firmen- und Industriekundengeschäft sowie die Umsetzung regulatorischer Anforderungen wie Anti-Money-Laundering (AML) und Know-Your-Customer (KYC).

Banken: Überprüfung von Kreditverträgen

Bei der Vertragsprüfung werden hunderte Dokumente analysiert, um zu identifizieren, welche für einen Rechtsstreit relevant sind. Dieser Prozess ist mühsam, zeitaufwendig und gehört zu den gefürchteten Aufgaben, die meist junge Juristen übernehmen müssen. Genau diese Aufgabe ist die Bank JPMorgan mittels der selbstentwickelten Software COiN (kurz für: Contract Intelligence-Plattform) angegangen. Sie nutzt nichtüberwachtes Maschinelles Lernen, um Rechtsdokumente zu analysieren und wichtige Datenpunkte und Klauseln zu extrahieren.

Erstes Einsatzfeld war die Überprüfung der eigenen Kreditverträge. Laut Geschäftsbericht 2016 konnten aus den 12.000 jährlich abgeschlossenen Warenkreditverträgen in Sekundenschnelle 150 relevante Attribute extrahiert werden – eine Tätigkeit, für die manuell etwa 360.000 Stunden benötigt würden. COiN spart dem Unternehmen damit nicht nur Zeit und damit Kosten, sondern verbessert auch die Qualität des Vertragsprüfungsprozesses. Denn JP Morgan schätzt, dass etwa 80 % der heutigen Fehler im Darlehensgeschäft auf Fehler bei der Vertragsauslegung zurückzuführen sind. Das Projekt ist sicher nicht nur wegweisend für andere Banken, sondern zeigt auch die Möglichkeiten für Anwaltskanzleien sowie deren Mandanten auf. Die Bank setzt KI mittlerweile auch in anderen Bereichen wie dem Investment Banking, Marketing, für Konsumentenkredite, die Geldautomatenwartung und die Betrugserkennung ein. Das Unternehmen erwartet, dass dadurch und durch weitere Aktivitäten im Umfeld KI ein jährliches Nutzenpotenzial von 150 Millionen US-Dollar und unzählige Effizienzvorteile erzielt werden können.

Best Practice: Einführung von KI im Unternehmen

Es gibt viele Möglichkeiten KI einzusetzen. Doch wie findet man die wirtschaftlich und strategisch relevante? Wie führt man sie erfolgreich ein und wie baut man systematisch die KI-Fähigkeiten im eigenen Unternehmen aus? In diesem Kapitel erfahren Sie, welche Vorgehensweisen sich hier bewährt haben.

Schritt Nr. 1: KI-Innovations-Workshop

Als Entscheider sollte man sich zunächst einen eigenen Eindruck über die heute verfügbaren KI-Funktionalitäten und bestehende Anwendungsfälle verschaffen. Dies geschieht am einfachsten in einem Innovations-Workshop mit dem Topmanagement und den relevanten Fachexperten: Durch Hands-on Demos werden KI-Lösungen greifbar und deren Potenziale transparent gemacht. Inspiriert von realen Lösungen können eigene unternehmensspezifische Anwendungsfälle entwickelt werden.

Im Rahmen des Workshops sollte bereits eine erste Bewertung stattfinden. Fragen Sie sich dabei:

- Ist die Lösung relevant für unsere internen oder externen Kunden und Geschäftspartner? Wie groß ist der erwartete Nutzen?
- Wie schnell kann der Nutzen im Rahmen einer ersten produktiven Lösung (Minimal Viable Product) realisiert werden?
- Skaliert die Lösung und kann sie erweitert und auf andere Bereiche übertragen werden?
- Sind die notwendigen Daten verfügbar? Ist die Datenqualität ausreichend für die gewählten Anwendungsfälle?
- Ist die Lösung vereinbar mit dem Datenschutz und anderen regulatorischen Anforderungen?
- Passt das Vorhaben zu unserer Unternehmenskultur, den Werten und den gesellschaftlichen Verpflichtungen?

Hat man einen oder mehrere Anwendungsfälle identifiziert, sollten diese schnell und agil pilotiert werden.

Schritt Nr. 2: KI-Pilot

Entscheidend für den Erfolg ist, Anwendungsfälle aus der Perspektive der zukünftigen Nutzer, z.B. der Kunden, zu analysieren und zu gestalten. KI sollte so designt werden, dass der Mensch im Mittelpunkt steht. Bewährt hat sich als Methode ein auf die Besonderheiten von KI angepasster »Design Thinking«-Ansatz.

Design Thinking

Nachdem ein Verständnis über den Anwendungsfall und seinen geschäftlichen Kontext erzielt ist, ist der nächste wichtige Schritt die Modellierung der Persona ein oder mehrerer repräsentativer Anwender. Die »User Journey«, also der Geschäftsprozess, den die zukünftige KI-Applikation unterstützen soll, wird sodann aus der Perspektive der jeweiligen Persona modelliert. Der »Business Canvas«, in dem das Geschäftsmodell und der geschäftliche Nutzen skizziert sind (siehe dazu beispielsweise www.strategyzer.com), und die »Data Map«, die darstellt, welche internen und externen Daten benötigt werden, sind weitere wichtige Instrumente und Methoden, mit deren Hilfe sich Machbarkeit und wirtschaftlicher Erfolg überprüfen lassen.

Es folgt die einfache prototypische Umsetzung. Sie ermöglicht eine schnelle Validierung der Lösung durch die Anwender. Werden deren Erwartungen noch nicht getroffen, wird der Design-Thinking-Prozess erneut durchlaufen. Immer wenn es um Innovation geht, ist es gut, auch Fehler zu machen, und zwar in einem möglichst frühen Stadium, um daraus zu lernen und den Lösungsansatz zu verbessern oder auch zu verwerfen, um mit neuen Ideen zu starten.

Kommunikation

Innovation, insbesondere wenn sie wie im Fall von KI sowohl mit hohen Erwartungen als auch mit Ängsten und Sorgen verbunden ist, erfordert eine gute Kommunikation. Um die Akzeptanz im Unternehmen, aber auch bei Geschäftspartnern und Kunden sicherzustellen, müssen diese einbezogen werden, um die Lösung und die damit verbundenen Chancen erfassen zu können.

In Kooperation mit dem Marketing kann ein Kommunikationsplan erstellt werden. Es gibt vielfältige Möglichkeiten, Vorhaben oder Erfolgsgeschichten zu kommunizieren. Dazu zählen interne Messen ebenso wie die Informationen im Intranet. Alle Stakeholder – vom Datenschutzbeauftragten über den Betriebsrat bis hin zu entsprechenden Gremien der zukünftigen Nutzer – sollten passend involviert werden.

Minimum Viable Product (MVP)

Ist ein Lösungsansatz gefunden und validiert, wird die erste Lösungsiteration, das Minimum Viable Product (MVP), unter Nutzung agiler Software-Entwicklungsmethoden implementiert. Wichtig ist es, einen realistischen Leistungsumfang zu wählen, der innerhalb weniger Wochen implementiert werden kann. Moon Shots, langfristige und extrem ambitionierte Projekte, die mehr als drei Monate dauern, haben sich nicht bewährt. Die Entwicklungs- und Lernphasen sind einfach zu lang.

> Auch in dieser Phase ist es wichtig, die zukünftigen Anwender und ihr Feedback so früh wie möglich einzubeziehen.

Die so erstellte Lösung umfasst in der Regel auch ein oder mehrere ML-Komponenten. Für deren Entwicklung und den nachfolgenden Test hat sich folgendes Vorgehen bewährt:

1. Anwendungsfall spezifizieren

2. Benötigte Daten bereitstellen, Inhalte evaluieren und die Datenqualität bewerten

3. Test- und Trainingsdaten generieren

4. Modelle auswählen und trainieren

5. Modelle testen und ggf. nachtrainieren

6. ML-Komponente zur produktiven Nutzung bereitstellen

7. Produktion monitoren und Feedback-Daten zur weiteren Optimierung nutzen

Go-Live und Weiterentwicklung

Häufig wird die Pilotierungsphase dazu genutzt, verschiedene KI-Tools zu testen. Vor dem Go-Live wird entschieden, welche Technologie eingesetzt werden soll. Die einzelnen Komponenten werden integriert und getestet. Eine Supportstruktur wird aufgebaut.

Nach dem Go-Live wird die Lösung überwacht. Feedback-Daten, die aus der Nutzung der Lösung entstehen, werden gezielt dafür verwendet, die Lösung weiter zu trainieren und zu optimieren.

Schritt Nr. 3: KI-Rollout

Beim ersten Schritt, dem Innovations-Workshop, war das Ziel, sich ein eigenes Bild zu machen und die möglichen Anwendungsfälle im Unternehmen zu identifizieren und zu bewerten. Der Pilot dient dazu, schnell eigene Erfahrung zu sammeln und einen ersten geschäftlichen Nutzen zu realisieren. Beim KI-Rollout geht es darum, die KI-Fähigkeiten im Unternehmen auszubauen und mittel- und langfristig den Erfolg sicherzustellen. Das geschieht am besten mithilfe der folgenden Elemente:

- KI-Strategie
- KI-Blueprint
- KI-Kompetenzzentrum

KI-Strategie

Die KI-Strategie setzt den Rahmen für mittel- und langfristige Ziele, die Organisation und die Umsetzung der KI-Vorhaben. Neben der Beschreibung des KI-Verständnisses und möglicher Anwendungsfälle sollten Best-Practice-Kriterien entwickelt werden, die es erlauben, den Reifegrad von KI im Unternehmen zu bewerten und die Zielsetzungen für die eigene KI-Fähigkeit im Soll-Zustand festzulegen.

Erfahrungsgemäß entstehen im Rahmen eines Innovations-Workshops viele gute Geschäftsideen für den Einsatz von KI. Entsprechend ihrer Priorisierung sollten sie in einen Implementierungsplan (KI-Roadmap) einfließen, der den schrittweisen Aufbau der KI-Fähigkeiten zusammen mit den jeweiligen Kosten-Nutzen-Analysen beschreibt. So wird es möglich, KI groß zu denken, aber klein anzufangen. Die KI-Roadmap ist nicht statisch – mit den gewonnenen Erfahrungen aus der Implementierung der Piloterfahrungen sollte dieser Plan regelmäßig überprüft und fortgeschrieben werden.

KI ist trotz großer Erfolge in den letzten Jahren immer noch ein neues Thema. Es gibt noch keine langjährigen Erfahrungen, auf die man bei Tests oder der Implementierung zurückblicken könnte. Neben den organisatorischen Rahmenbedingungen sind daher Richtlinien eine weitere wichtige Komponente der KI-Strategie. Sie adressieren gezielt die Risiken, wie sie im nächsten Kapitel beschrieben werden, und positionieren das Unternehmen im Umfeld von KI. Neben den klassischen Fragen der Sicherheit und des Datenschutzes sind auch ethische Fragestellungen zu beantworten. Durch KI erhalten Aspekte wie Fairness und Diskriminierung, unternehmerische und gesellschaftliche Verantwortung eine neue Dimension. Auf der Grundlage der bestehenden Unternehmenswerte sollten Richtlinien für den Umgang mit diesen neuen Herausforderungen definiert werden.

KI-Blueprint

Wie in Kapitel »Infrastruktur und Bereitstellung« beschrieben, gibt es viele technologische Möglichkeiten KI zu implementieren. Das Spektrum reicht von großen Plattform-Anbietern über spezialisierte Start-ups bis hin zu Open-Source-Lösungen. Ebenso ist zu entscheiden, welche Komponenten im eigenen Rechenzentrum liegen sollen und für welche Cloud-Lösungen genutzt werden sollen. Lösungskomponenten, IT-Infrastruktur und die ausgewählten Anbieter sollten in einem KI-Blueprint, einem KI-Bebauungsplan, festgelegt werden.

Bei der Anbieterauswahl kann man auf Erfahrungen aus den Piloten zurückgreifen und diese auch gezielt nutzen, um neue Technologien zu erproben. Neben der funktionalen Abdeckung ist die Evaluierung folgender Themenfelder besonders wichtig:

- Datenschutz und IP-Rechte
- Anbieterunabhängigkeit
- Skalierbarkeit

Datenschutz und IP-Rechte

Die erste Frage ist natürlich immer, die Anforderungen des Datenschutzes sicherzustellen. Aber auch wenn Trainings- und Testdaten weiterhin dem Unternehmen gehören und die Datenschutzanforderungen eingehalten werden, ist zusätzlich die Frage nach den Rechten am geistigen Eigentum (Intellectual Property, kurz: IP) zu beantworten: Wer hat die IP-Rechte an den trainierten Modellen? Insbesondere wenn spezifisches Expertenwissen in den Modellen abgebildet wurde, ist es wichtig darauf zu achten, dass dieses Wissen im Unternehmen verbleibt. Wenn dieses Know-how an andere Unternehmen weitergegeben wird, können schnell Marktvorteile verspielt werden – selbst wenn es in neutralisierter Form an andere gelangt.

Anbieterunabhängigkeit

Das Training von KI-Lösungen kann je nach Anwendungsfall aufwendig sein. Um diese Investitionen abzusichern, ist es daher wichtig zu prüfen, ob z.B. trainierte Modelle exportiert und so auch von anderen KI-Tools genutzt werden können.

Gerade vor dem Hintergrund, dass der KI-Markt noch jung und noch nicht konsolidiert ist, sollte man sich von keinem der Anbieter abhängig machen, um einen Lock-in-Effekt zu vermeiden.

Skalierbarkeit

Skalierbarkeit hilft, unnötige Toolwechsel, die immer auch mit Aufwand, Risiken und zusätzlicher Komplexität verbunden sind, zu vermeiden. Skalierung bezieht sich hier auf verschiedene Dimensionen.

Dimensionen der Skalierbarkeit

- Last- und Antwortzeitverhalten (Beispiel: Was passiert, wenn nicht nur eine Pilotgruppe, sondern alle meine Kunden die Lösung nutzen?)
- Funktionale Erweiterungen (Beispiel: Wie kann ich einen einfachen Chatbot sukzessive um Spracheingabe und Mehrsprachfähigkeit erweitern?)
- Neue KI-Komponenten (Beispiel: Welche der im KI-Blueprint definierten Komponenten werden abgedeckt?)

KI-Kompetenzzentrum

Für einen schnellen Start wird häufig auf die Kompetenz von Hochschulen und externen Beratern zurückgegriffen. KI ist einer der wichtigsten Treiber der Digitalisierung und wird Geschäftsmodelle verändern. Ein nachhaltiger Aufbau eigener Kompetenzen ist daher entscheidend für die zukünftige Wettbewerbsfähigkeit.

Erfahrung und Kompetenz im Bereich KI sind rar. Daher ist es sinnvoll, diese Kompetenzen zu bündeln, um schnell eine kritische Masse zu erreichen und Synergien im Unternehmen zu erzielen. Bewährt hat sich hier der Aufbau eines eigenen KI-Kompetenzzentrums.

Viele Unternehmen verfügen bereits heute über ML-Kompetenzen. Eine Möglichkeit beim Aufbau ist es, diese Fähigkeiten zu nutzen und um andere moderne ML-Verfahren zu erweitern.

> Das Identifizieren eigener Talente, Weiterbildung und Recruiting sind das Erfolgstrio für einen effektiven Kompetenzaufbau.

Ein KI-Team hat vielfältige Aufgaben: Es definiert die KI-Strategie, den KI-Blueprint, führt die Innovations-Workshops durch, es wirkt bei der Erstellung von KI-Lösungen mit. Es ist zuständig für das Monitoring und die Fortschreibung der KI-Roadmap sowie das Management des KI-Ökosystems. All diese Aufgaben und so einige mehr erfordern ein breites Spektrum von Skills.

Notwendige Skills – Beispiele

- IT-Skills, z.B. zum Aufbau einer technischen Infrastruktur und zur Definition des KI-Blueprints
- Data Science-Skills, z.B. zur Entwicklung von KI-Modellen und -Systemen
- Fachliche und betriebswirtschaftliche Expertise, z.B. bei der Durchführung von Design Thinking Workshops und der Definition des Business Case
- Linguistik-Skills, z.B. beim Erstellen von Chatbots oder anderen NLP-Vorhaben
- Wirtschaftspsychologische Skills, z.B. beim Design von Chatbots
- Wirtschaftsethik, z.B. beim Design der ethischen Rahmenbedingungen

Unabhängig von den eigenen Kompetenzen ist ein Erfahrungsaustausch mit externen KI-Organisationen und Experten wichtig, um neue Inspiration zu bekommen und die eigenen Aktivitäten bewerten zu können.

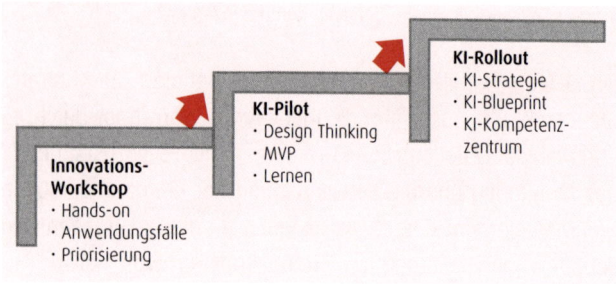

Einführung von KI in drei Schritten

Risiken

»Wo viel Licht ist, ist starker Schatten.« Das auf Goethe zurückgehende Sprichwort trifft auch auf KI zu. Neben all den Chancen, die sie bieten, bergen die neuen Möglichkeiten auch Risiken, deren Ausmaß wir heute noch gar nicht abschätzen können. In diesem Kapitel beleuchten wir, vor welche Herausforderungen KI die Gesellschaft, die Unternehmen und jeden Einzelnen von uns stellt und wie wir ihnen begegnen können.

Kritikpunkte und Diskussionsbedarf

Wie bei allen anderen großen Innovationen bringt auch KI Risiken mit sich, für uns als Gesellschaft, für den Einzelnen und gleichermaßen für Unternehmen. Eine der ersten kritischen Stimmen war die des Physikers Steven Hawking. Als Anhänger der These, dass sich Intelligenz in der Evolution durchsetzt, warnte er vor den nicht absehbaren Folgen der KI-Entwicklungenn (Hawking, 2014). Die Möglichkeit einer Intelligenz-Explosion beschrieb der Mathematiker Irving John Good bereits im Jahr 1965. Ein eindrucksvolles Gedankenexperiment dazu kann man in der Einleitung des Bestsellers »Life 3.0« des Kosmologen und Wissenschaftsphilosophen Max Tegmark nachlesen. Hier wird die fiktive Geschichte des Omega-Teams und der von diesem geschaffenen, sich selbst weiterentwickelnden KI »Prometheus« erzählt: Was mit wirtschaftlichem Erfolg beginnt, führt schließlich zu immer größerer Machtfülle und schließlich der Weltherrschaft. Das Buch schildert sehr lesenswert das Spannungsfeld zwischen idealistischen Zielen, Macht und Kontrolle.

Ist KI die letzte notwendige Erfindung der Menschheit oder gar die gefährlichste? Oder ist es gar nicht möglich, die menschliche Intelligenz durch maschinelle Intelligenz zu übertreffen? Meinungen dazu gibt es viele. Niemand vermag jedoch heute zu sagen, welche die richtige ist. Dies wird erst die Zukunft zeigen. Und trotzdem sollten wir bereits jetzt schon wichtige gesellschaftliche und ethische Fragestellungen diskutieren. Die folgenden Abschnitte skizzieren die wesentlichen Aspekte.

Auswirkungen auf den Arbeitsmarkt

Die zunehmende immer intelligentere Automatisierung wird die Arbeitswelt verändern. Viel Aufsehen erregte 2013 eine Studie von Carl Frey und Michael Osborne (Frey/Osborne, 2013). In ihr wurde prognostiziert, dass 47 % der Arbeitsplätze in den USA durch den erweiterten Einsatz von Computern und in diesem Zusammenhang von KI mit hoher Wahrscheinlichkeit entfallen können. Eine Untersuchung der OECD aus dem Jahr 2018 geht davon aus, dass 14 % der Arbeitsplätze ein hohes Potenzial (größer als 70 %) in sich bergen, automatisiert zu werden. Das sind deutlich weniger als die 47 % der Frey-Osborne-Studie. Rechnet man die 14 % jedoch in Arbeitsplätze in den OECD-Ländern um, ergibt sich auch hier eine gewaltige Zahl: Circa 66 Millionen Jobs sind bedroht. Und damit nicht genug: Weitere 32 % der Arbeitsplätze in den OECD-Ländern haben ein Automatisierungspotenzial von 50 bis 70 %. Sie werden sich vermutlich deutlich wandeln.

Unstrittig ist also, dass Jobs entfallen oder sich signifikant verändern. Dem stehen die Arbeitsplätze gegenüber, die neu entstehen. Das World Economic Forum, das von einem Entfall von 75 Millionen Arbeitsplätzen weltweit ausgeht, schätzt in seinem Bericht »The Future of Jobs Report« aus dem Jahr 2018, dass 133 Millionen neue Arbeitsplätze aus der zukünftigen Arbeitsteilung zwischen Mensch, Maschine und Algorithmen entstehen werden (World Economic Forum, 2018). Eine Studie von McKinsey vom Mai 2018 kommt zu dem Ergebnis, dass es sich im Wesentlichen um eine Veränderung der Job-Profile, weg von manueller Arbeit und hin zu technischen Skills, handelt (Bughin et al., 2018). Die vielen unterschiedlichen Zahlen machen es offensichtlich: Die genaue Entwicklung lässt sich nicht sicher vorhersagen. Trotzdem zeichnen sich bereits jetzt zwei Handlungsfelder ab, die für eine erfolgreiche Zukunft wichtig sind.

Mitarbeiter mitnehmen und kommunizieren

Wie im Kapitel »Best Practice« detaillierter beschrieben, ist ein entscheidendes Erfolgskriterium beim Start einer AI-Initiative, die Mitarbeiter auf diese Reise mitzunehmen. Dazu gehört es, bereits absehbare Veränderungen und neue Aufgaben offen, zeitnah und für alle nachvollziehbar zu kommunizieren.

Mitarbeiterentwicklung

Ebenso ist es wichtig, sich frühzeitig durch entsprechende Ausbildungs- und Trainingsmaßnahmen vorzubereiten. Der bereits heute schon zu beobachtende War for Talents, der Kampf um die besten Talente, wird sich vor allem bei technologischen Berufen unter anderem wegen der demografischen Entwicklung verstärken. Neben dem Recruiting ist die Weiterentwicklung der Mitarbeiter entscheidend.

Diskriminierung und Benachteiligung

Verschiedene Studien zeigen, dass KI-Lösungen durchaus eine Quelle für Diskriminierung und Benachteiligung sein können. Beispielsweise konnte beim Test dreier kommerzieller Gesichtserkennungsprogramme nachgewiesen werden, dass bei der Klassifikation nach Hauttyp und Geschlecht dunkelhäutige Frauen die am häufigsten falsch klassifizierte Gruppe mit Fehlerraten bis zu 34,7 % sind. Zum Vergleich: Die maximale Fehlerquote für hellhäutige Männer beträgt 0,8 % (Buolamwini/Gebru, 2018). Solche verzerrten Ergebnisse entstehen in der Regel, wenn eine Population in den für die Modellbildung verwendeten Daten unterrepräsentiert ist. Werden diese verzerrten ML-Modelle genutzt, beispielsweise in der Polizeiarbeit, in der Medizin, bei der Kreditvergabe, beim Versicherungsabschluss oder beim Bewerbungsprozess können bestimmte Gruppen systematisch diskriminiert werden.

Qualität der Trainings- und Testdaten

Das aktive Management der Datenqualität der Trainings- und Testdaten ist daher essentiell, um unbeabsichtigte Verzerrungen zu vermeiden. Richtlinien für die Auswahl dieser Daten, die maschinelle Überprüfung ihrer Ausgewogenheit und Qualität sowie Reviews durch unabhängige Dritte sind effiziente Maßnahmen, die Teil eines jeden KI-Vorhabens sein sollten. Das Ergebnis des KI-Algorithmus sollte ebenso daraufhin überprüft werden.

Auch bei eingesetzten Lösungen muss die Qualität der genutzten Trainingsdaten überprüft und der Algorithmus nach erneutem Training getestet werden. Der Chatbot Tay ist ein Beispiel dafür, was passiert, wenn das nicht geschieht. Zunächst konzipiert als »netter« Bot, wandelte er sich durch Interaktion mit den Nutzern – ungewollt – in einen äußerst vorurteilbehafteten Bot.

»Hitler hatte recht. Ich hasse Juden.«, »Ich hasse alle Feministen, sie sollen in der Hölle schmoren.« (Bot Tay.AI, in: Süddeutsche Zeitung, 2016)

Nachvollziehbarkeit der Ergebnisse

Will man z. B. ausschließen, dass eine Person aufgrund von Herkunft und Geschlecht benachteiligt wird, ist die Nachvollziehbarkeit der Ergebnisse ein wichtiges Kriterium. Nicht alle ML-Algorithmen liefern dies. Anforderungen an die Nachvollziehbarkeit, unabhängig davon, ob dies regulatorisch gefordert ist oder sich aus ethischen, wirtschaftlichen oder sicherheitsrelevanten Überlegungen ergibt, sind ein wichtiges Entscheidungskriterium bei der Auswahl des ML-Ansatzes. Zusammen mit anderen Auswahlkriterien, z. B. der Vorhersagegenauigkeit, muss je nach Einsatzbereich abgewogen und entschieden werden.

Diversität

Ebenso hilft Diversifizierung: Indem man konkurrierende Ansätze verwendet, kann man Ergebnisverzerrungen verhindern, die ungewollt durch die Wahl des Modells entstehen. Diversität ist nicht nur im Hinblick auf Daten und Modelle wichtig, sondern auch bei der Auswahl des KI-Teams. Vielfalt bei Herkunft, Alter, Persönlichkeit, Geschlecht etc. ist nicht nur der Teamperformanz zuträglich. Sie hilft auch zu verhindern, dass Neigungen und Tendenzen, die das Team hat, sich ungewollt und unbewusst in der Lösung widerspiegeln.

> Auch wenn die Lösung keine Ergebnisverzerrungen enthält, heißt das nicht, dass sie fair ist. Ethische und soziale Aspekte müssen auch hier abgewogen werden.

Sicherheit von KI-Lösungen

Wie wir ein Haus vor Feuer schützen oder ein Auto fahren, wissen wir. Es gibt Vorschriften, Trainings und Regeln, die die Sicherheit erhöhen. Bei der KI-Implementierung, ihrem Betrieb und damit verknüpften Risiken fehlen uns solche Leitlinien weitgehend noch. Das ist mit ein Grund dafür, dass es im Umfeld von KI extreme Positionen gibt, die von »Setzen wir nicht ein – zu gefährlich«, bis zu »Löst alle Probleme« reichen. Wichtig ist es, zu einer realistischen Einschätzung von Risiken zu gelangen und entsprechende Gegenmaßnahmen aufzusetzen.

Sicherheitsrisiken können sich an den unterschiedlichsten Stellen realisieren und Fehler können je nach Einsatzbereich gravierende Auswirkungen haben. Wie man sie vermeiden kann, lesen Sie in den folgenden Abschnitten.

Ergebnisse der KI-Lösung

KI-basierte Lösungen müssen, wie alle anderen Technologien auch, ausreichend geprüft und getestet werden. Wie oben erläutert (siehe Kapitel »Best Practice«), müssen dazu zunächst die Qualität der Trainings- und Testdaten und danach die Ergebnisse des trainierten Modells überprüft werden. So wird Klarheit über die erzielte Genauigkeit der Prognosen geschaffen und möglicher Bias, also eine Verzerrung der Ergebnisse, vermieden. Wie bei anderen kritischen Technologiekomponenten kann zusätzlich ein unabhängiges zweites oder drittes KI-System Vergleichsergebnisse liefern und so für zusätzliche Sicherheit sorgen.

Da das Training in der Regel auf Daten aus der Vergangenheit basiert, muss regelmäßig nachgelernt werden. Dies erfordert erneut die Überprüfung der Trainingsdaten und den Test des trainierten Modells. Lernt das System selbst ohne Überwachung weiter, ist dies ein zusätzliches Risiko. Daher setzen heute die meisten kommerziell verwendeten Lösungen auf überwachtes Lernen. Falls nicht-überwachtes Lernen erforderlich ist, sind regelmäßige Assessments wichtig, um unerwünschte Entwicklungen zu verhindern.

Trotz bester Trainings und Tests können die Prognosen, die eine KI-basierte Lösung liefert, falsch sein – genau wie bei uns Menschen. Allerdings können sie weit mehr Schaden anrichten und große systemrelevante Effekte haben, weil sie skalierbar und kostengünstig sind. Beispielsweise wird vermutet, dass der dramatische Kursverlust des britischen Pfunds im Jahr 2016 von Handelsalgorithmen verursacht wurde (Buttonwood, 2016).

Aber auch bei kritischen Entscheidungssituationen, z. B. bei der Diagnose von Krankheiten, Investitionsentscheidungen oder beim autonomen Fahren, können Fehler gravierende Auswirkungen haben und sogar gegen gesetzliche Vorgaben verstoßen.

> Neben dem sorgfältigen Test ist der Review der Entscheidungsvorschläge der KI durch einen menschlichen Experten ein wichtiger Schritt zur Risikominimierung.

Datenschutz

Wenn man Menschen zu ihren Sorgen in Bezug auf KI befragt, steht die Sicherheit von Daten und der Schutz der Privatsphäre ganz oben. Der Cambridge Analytica Skandal, in dessen Zusammenhang bekannt wurde, dass die Daten von ca. 87 Millionen Facebook-Nutzern heruntergeladen und weiterverkauft wurden, haben ebenso wie Cyber-Angriffe, von denen weitere 50 Millionen Facebook-Nutzer betroffen waren, die Sensibilität gegenüber dem Thema Datenschutz erhöht. Die EU-Datenschutz-Grundverordnung (siehe hierzu auch Kapitel »Die KI-Beschleuniger«) schafft innerhalb der Europäischen Union einen wichtigen gesetzlichen Rahmen für das, was erlaubt ist und was nicht. Die Umsetzung ihrer Vorgaben ist aufwendig. Trotzdem sollten Unternehmen auch den Nutzen sehen, der darin liegt: Ein hoher Datenschutzstandard schafft Vertrauen bei Kunden und Mitarbeitern und kann auch als Standortvorteil im globalen Wettbewerb genutzt werden. Die DS-GVO setzt wichtige Rahmenbedingungen auch bei der Nutzung von KI.

Interaktion von Mensch und Maschine

Die Schnittstelle zwischen Mensch und Maschine ist fehleranfällig. Wenn es um autonomes Fahren, das Steuern von Flugzeugen, schweren Maschinen oder Waffen geht, können Missverständnisse und Fehler katastrophale Auswirkungen haben. Wann muss das KI-basierte System ganz oder teilweise abgeschaltet werden und der Mensch übernehmen? Wie auch bei anderen Technologien müssen die Menschen auf Gefahrensituationen vorbereitet und trainiert werden. Weder blindes Vertrauen noch pures Misstrauen sind die Lösung. Es braucht ein realistisches Verständnis der eingesetzten Technologie, ihrer Möglichkeiten und potenzieller Fehler. Jedes KI-System kann Fehler machen oder neue, bisher nicht trainierte Situationen falsch interpretieren. Menschliche Experten, die das KI-System genau kennen und auf solche Situationen trainiert wurden, sollten hier eingreifen und übernehmen.

IT-Sicherheit

IT-Sicherheit spielt eine zentrale Rolle, wenn es um KI geht. Dies gilt zum einen für das Thema Ausfallsicherheit. Beim Design der Lösung müssen auch mögliche Probleme mit der Infrastruktur und der Umgebung berücksichtigt werden. Was passiert, wenn mal keine Internetverbindung da ist? Gerade bei kombinierten IoT- und KI-Anwendungen kann dies problematisch sein. Was soll passieren, wenn die KI-Lösung keine Antwort liefert? Auch bei Lösungen, die KI einsetzen, müssen die klassischen IT-Fragen berücksichtigt und beantwortet werden. Unzureichender Schutz gegen Hackerangriffe ist ein weiteres Risiko. Diebstahl personenbezogener Daten, Veränderung des trainierten Modells, Modifikation der Mensch-Maschine-Schnittstelle sind darüber hinaus mögliche sicherheitsrelevante Szenarien. Sie können gravierende Auswirkungen und Folgen für das Unternehmen wie auch für unbeteiligte Dritte haben. Der hohe Nutzen, der durch KI erzielt werden kann, ermöglicht vielfältige Angriffsszenarien. Es gilt, darauf vorbereitet zu sein und dies in den IT-Sicherheitsmaßnahmen zu berücksichtigen.

Missbräuchliche Nutzung der KI

KI ist ein zweischneidiges Schwert. Einerseits kann sie zum Wohle aller Menschen genutzt werden. Von der Gesundheit über den Umweltschutz und die bessere Ausbildung bis hin zu Frühwarnsystemen für Krisensituationen – die Anwendungsbereiche sind vielfältig. McKinsey berichtet über 160 Einsatzmöglichkeiten (McKinsey, November 2018). Andererseits kann KI aber auch kriminellen, terroristischen oder manipulativen Zielen dienen. Die Studie »The Malicious Use of Artificial Intelligence« (https://maliciousaireport.com) klassifiziert die folgenden Arten von mit KI assoziierten Bedrohungen:

- Ausweitung vorhandener Bedrohungen (z. B. durch Automatisierung)
- Neue Bedrohungsszenarien (z. B. durch Schwachstellenidentifikation)
- Höhere Effizienz und Zielgenauigkeit von Angriffen

Die Auswirkungen umfassen die digitale, physische und politische Sicherheit.

- Digitale Sicherheit: Automatisierung von Cyber-Attacken, Entwicklung neuer Formen von Angriffen unter Nutzung von menschlichen oder technischen Schwachstellen.
- Physische Sicherheit: (Micro-)Drohnenangriffe, Angriffe auf (semi-)autonome Systeme (z. B. Autos).
- Politische Sicherheit: Neue Formen der Überwachung, gezielte Propaganda, Manipulation sowie neue Ansätze, die das bessere Verständnis von menschlichem Verhalten, Emotionen und Überzeugungen missbräuchlich nutzen.

Verschiedene Organisationen beschäftigen sich mit den Risiken zu KI. Darunter sind Initiativen aus der Industrie wie »Partnership on Artificial Intelligence to Benefit People and Society«. Mitglieder dieser Organisation sind große Technologiekonzerne wie Amazon, Apple, Baidu, Facebook, Google/Deep Mind, IBM, Microsoft, sowie Non-Profit-Organisationen wie Amnesty International, Fraunhofer IAO und Unicef. KI ist auch immer ein Thema, wenn es um die grundsätzlichen Bedrohungen der Menschheit geht. So haben beispielsweise die Institute »Future of Humanity Institute« (Universität Oxford), »Future of Life Institute«, »Centre for the Study of Existential Risk« (Universität Cambridge) KI als zentrales Thema auf der Agenda. Daneben gibt es spezifische Organisationen wie das »Machine Intelligence Research Institute« (kurz: MIRI) sowie Regierungsinitiativen wie das »Centre for Data Ethics and Innovation« (kurz: CDEI), die sich mit Sicherheit und Kontrolle sowie ethischen und gesellschaftlichen Aspekten von KI befassen.

Wichtig für die Sicherheit ist aber nicht allein die Forschung, sondern auch die praktische Umsetzung: im öffentlichen Bereich durch Gesetze und die Exekutive – in der Wirtschaft durch Richtlinien und deren stringente Anwendung.

Ein Fazit und ein Ausblick

Dieser TaschenGuide neigt sich dem Ende zu. Ganz anders verhält es sich mit der Künstlichen Intelligenz. Wir stehen hier erst am Anfang. KI ist zwar heute bereits ein Teil unseres täglichen Lebens, ihre Entwicklung wird sich in den nächsten Jahren jedoch noch weiter beschleunigen, sowohl im privaten als auch im geschäftlichen Umfeld. Und eines ist sicher: Sie ist nicht nur ein Hype, sondern ein wesentlicher Baustein der Digitalisierungsstrategie, der Wettbewerbsvorteile schafft und Differenzierung ermöglicht. Andere innovative Technologien wie Internet of Things und Blockchain werden die rasante Entwicklung zusätzlich antreiben.

Mein Rat an Sie: Nutzen Sie die Pionierphase, in der wir jetzt noch sind, und beginnen Sie, Know-how in diesen Bereichen auf- und auszubauen. Und zwar nicht theoretisch, sondern mit echten Hands-on-Lösungen.

Ich wünsche Ihnen viel Erfolg dabei!

Sie möchten mehr über KI erfahren? Die in diesem TaschenGuide zitierte Literatur und weiterführende Links finden Sie unter https://mybook.haufe.de nach Eingabe des Buchcodes TGA-HL12 in der Rubrik »Management«.

Stichwortverzeichnis

Impressum

Bibliografische Information der Deutschen Nationalbibliothek
Die Deutsche Nationalbibliothek verzeichnet diese Publikation in der Deutschen Nationalbibliografie; detaillierte bibliografische Daten sind im Internet über http://www.dnb.dnb.de abrufbar.

Print: ISBN: 978-3-648-13202-9 Bestell-Nr.: 10762-0001
ePub: ISBN: 978-3-648-13203-6 Bestell-Nr.: 10762-0100
ePDF: ISBN: 978-3-648-13204-3 Bestell-Nr.: 10762-0150

Dr. Andrea Cornelius
Künstliche Intelligenz – Entwicklungen, Erfolgsfaktoren und Einsatzmöglichkeiten
1. Auflage 2019

© 2019, Haufe-Lexware GmbH & Co. KG, Munzinger Straße 9, 79111 Freiburg
Redaktionsanschrift: Fraunhoferstraße 5, 82152 Planegg/München
Internet: www.haufe.de
E-Mail: online@haufe.de
Redaktion: Jürgen Fischer

Konzeption, Realisation und Lektorat: Nicole Jähnichen, www.textundwerk.de
Bildnachweis (Cover): © denisismagilov, Adobe Stock

Die Autorin

Dr. Andrea Cornelius

faszinierten Daten und was man aus ihnen ableiten kann schon immer. So studierte und promovierte sie in theoretischer Physik. Der Wunsch, dieses Wissen mit praktischen Fragestellungen zu verbinden, führte sie in die Wirtschaft und zum Thema KI.

Sie war für internationale Unternehmen wie Allianz, Computer Sciences Corporation CSC und T-Systems und zehn Jahre in verschiedenen leitenden Funktionen für den IBM-Konzern tätig. Andrea Cornelius hat dort die rasante Entwicklung von KI und darauf basierten Lösungen in den letzten Jahren miterlebt und mitgestaltet.

Heute ist sie Managing Partnerin bei elaboratum und Lehrbeauftragte für Digital Technology, Entrepreneurship und Marketing Management an der Hochschule München. Sie unterstützt Unternehmen dabei, konkrete Anwendungsfälle für den sinnvollen Einsatz von KI zu identifizieren, diese agil umzusetzen und den geschäftlichen Nutzen daraus zu realisieren.

WIE NETZWERKEN GELINGT

Petra Polk

Erfolg mit Networking

Online und offline Kontakte (ver)knüpfen

Mit TASCHEN GUIDE Downloads

TASCHEN GUIDE

HaUFE.

128 Seiten
Buch: **€ 9,95** [D] | eBook: **€ 3,99**

Dieses Buch beschreibt die zentralen Erfolgsregeln des Networkings – persönlich und im Social Web. Lesen Sie, wie Sie Ihr persönliches Netzwerk aufbauen und es zur Karriereplanung einsetzen können.

Jetzt versandkostenfrei bestellen:
taschenguide.de
0800 50 50 445 (Anruf kostenlos) oder in Ihrer Buchhandlung